교양 있는 여행자를 위한

내 손안의
독일사

단숨에 읽는 독일 역사 100장면

Boarding Pass 현익출판

교양 있는 여행자를 위한
내 손안의 독일사

단숨에 읽는 독일 역사 100장면

(지은이 **세키 신코**) (옮긴이 **류지현**)

FROM. **SEOUL**   FLIGHT.   SEAT.
TO.   **FRANKFURT**   **HI0812**   **49A**

   **FRA**   

✶✶✶ 들어가며 ✶✶✶

독일사를 조망하다

여러분은 '독일' 하면 무엇이 떠오르나요? 맥주, 소시지, 축구, 자동차, 공업국과 같은 이미지를 떠올리실 텐데요. 하지만 독일은 그저 유럽의 강대국이 아니라 전쟁과 분단, 통일이라는 긴 역사를 겪으며 지금의 모습에 이르렀습니다. 한국과 독일은 지리적으로 멀리 떨어져 있지만, 놀랍도록 비슷한 역사를 공유하고 있습니다. 두 나라 모두 전쟁의 폐허를 딛고 일어났고, 분단을 경험했으며, 산업화를 통해 세계 속에서 눈에 띄는 성장을 이뤄냈지요. 독일의 역사는 결코 단순하지 않습니다. 오늘날의 독일은 오래전 수많은 작은 나라들이 서로 얽히고 갈라지며 천천히 모습을 갖춘 결과입니다. 이 책은 그런 독일의 역사를 차근차근 살펴보려 합니다. 독일과 독일의 역사에 재미를 느끼며, 새로운 여정을 떠나 보시기 바랍니다.

세키 신코

알수록 놀라운!
독일의 4가지 비밀

독일사를 처음 접하는 당신에게 의외의 사실을 소개합니다!

비밀 1

> 바로 제가 프랑크 왕국을 만들었습니다.

독일, 프랑스, 이탈리아는 원래 한 나라였다?

과거 서유럽에 있던 프랑크 왕국이 3개로 나뉘었고 그중 하나가 후에 독일이 됩니다. 나머지 2개는 프랑스와 이탈리아가 됩니다.

→ 자세한 내용은 **20** 페이지로

비밀 2

독일어의 뿌리는 루터가 번역에 사용한 언어다?

16세기에 가톨릭을 비판하고 종교개혁의 중심인물이 된 루터는 독일인을 위해 성경을 번역했습니다. 이때 사용된 언어가 현재의 독일어 원형이 됐다고 합니다.

→ 자세한 내용은 **35** 페이지로

비밀 3

철혈재상 비스마르크는 서민에게는 상냥했다?

"나 그렇게 무섭지 않아!"

"문제는 철과 피(즉, 전쟁)에 의해 해결된다."는 말을 남긴 강경파 정치인 비스마르크는 사회보장제도를 만드는 등 의외로 서민들을 생각했습니다.

→ 자세한 내용은 **109** 페이지로

비밀 4

축구 월드컵에서 서독 대표와 동독 대표가 맞붙었다?

1974년 월드컵에서 서독과 동독이 맞대결을 펼쳤습니다. 양 팀의 대전은 이때 한 번뿐이었죠. 승리한 쪽은 동독이었습니다.

→ 자세한 내용은 **186** 페이지로

자, 그럼 독일의 역사 속으로 떠나 봅시다!

✈ 목차

들어가며 | 독일을 조망하다   5
알수록 놀라운! 독일의 4가지 비밀   6
쾰른 대성당 · 비르케나우 강제 수용소 · 베를린 장벽   14
프롤로그 | 강 건너의 민족, 게르만의 땅   17

✵ Chapter 1 ✵ 시작은 프랑크 왕국

001	독일의 뿌리, 프랑크 왕국	22
002	카를 대제가 만든 유럽	24
003	독일 왕국이 된 동프랑크 왕국	25
004	신성 로마 제국의 시작	26
005	황제보다 대단한 '황제를 뽑는 사람'	28
006	농업혁명부터 도시 성장까지	29
007	동쪽으로, 동쪽!	31
008	그런데 이탈리아는?	33
009	르네상스와 종교개혁	34
010	들고일어난 기사와 농민	36
011	카를 5세의 고뇌와 프로테스탄트	38
칼럼	독일 국기, 국가, 국장의 비밀	39

알면 알수록 재미있는 독일의 위인 ① 오토 1세   41

✈ Chapter 2 ✈ 오스트리아와 프로이센

012	제국의 중심이었던 오스트리아	43
013	스위스에서 온 합스부르크 가문	45
014	뿔뿔이 나뉜 신성 로마 제국	46
015	프로이센 공국에서 왕국으로	48
016	30년 전쟁의 첫 번째 단계	50
017	30년 전쟁의 두 번째 단계	52
018	또 다른 세력, 스웨덴	53
019	300개의 나라, 신성 로마 제국	55
020	프랑스 태양왕의 공격	57
021	여성의 가독 상속은 가능한가?	59
022	빼앗긴 슐레지엔	62
023	결국 되찾지 못한 슐레지엔	63
024	계몽 전제 군주의 개혁	65
025	연이어 등장한 천재 아티스트	67
026	프랑스 혁명의 영향	69
027	강력했던 나폴레옹	71
028	마침내 멸망한 신성 로마 제국	73
029	프로이센의 국가 개혁	75
030	나폴레옹을 추방시킨 연합군	77
031	신성 로마 제국의 사망 진단서	79
칼럼	독일의 두 가문	80
알면 알수록 재미있는 독일의 위인 ② 베토벤		82

✷ Chapter 3 ✷ 어지러운 독일 연방

032 유럽의 새로운 질서, 빈 의정서	84
033 새롭게 탄생한 '독일 연방'	85
034 자유주의를 외쳤던 학생들	87
035 독일에서 감자가 유명한 이유	89
036 경제 기반을 마련한 관세 동맹	91
037 독일 최초의 철도	92
038 산업혁명의 그림자, 빈부 격차	93
039 나라를 어떻게 할 것인가?	94
040 실패한 혁명	96
041 독일 통일을 이끌 철혈재상 등장!	97
042 프로이센이 중심이 된 통일 계획	99
043 프로이센과 프랑스의 전쟁	100
044 그런데 오스트리아는?	102
알면 알수록 재미있는 독일의 위인 ③ 괴테	103

✈ Chapter 4 ✈ 근대 독일 제국

045 프로이센이 중심이 된 정치	105
046 러시아와 잘 지낼 수 있을까?	106
047 가톨릭교회와 사회주의자	108
048 해임된 비스마르크	110
049 빌헬름 2세는 훌륭한 군주일까?	112
050 해군력 확장과 대외 진출	114
051 역시 영국과 프랑스는 적!	115
052 붕괴된 삼국 동맹	117
053 결국 폭발하고 만 유럽의 화약고	119
054 전쟁 분위기로 휩싸인 독일	121
055 주위는 모두 적이다!	122
056 미국이 나타났다, 어쩌지?	124
057 분열되는 독일 사회	126
058 독일 혁명으로 붕괴된 독일 제국	128
059 부탁해, 에베르트!	130
060 어떤 사회주의 국가를 목표로 할까?	132
061 전쟁을 끝내는 방법	133
062 전쟁 후 베르사유 조약의 여파	134
칼럼 독일의 군비	136
알면 알수록 재미있는 독일의 위인 ④ 마르크스	138

✵ Chapter 5 ✵ 바이마르 공화국에서 나치 독일로

063	황제는 없지만 대통령이 있다	140
064	바이마르 공화국의 혼란	142
065	배상금 부담과 하이퍼인플레이션	144
066	뮌헨 폭동으로 등장한 히틀러	145
067	좌파와 우파의 대립	146
068	대공황 시기, 나치의 세력 확대	148
069	당명에 사회주의가 들어간 이유	150
070	집권 기반을 형성하는 히틀러	152
071	젊은이가 많았던 나치	153
072	공산주의는 적이다!	154
073	국군인가 SA인가	156
074	실업자도 나치로	157
075	식량과 자원을 확보하라!	159
076	나치의 복지와 선전, 그리고 감시	160
077	나치의 철저한 유대인 박해	162
078	베르사유 체제를 무너뜨리다!	163
079	세계의 패권을 노린 나치	164
080	제2차 세계대전	166
081	사막의 여우, 롬멜 장군	168
082	열세에 몰린 독일	170
083	독일의 패배와 히틀러의 죽음	172
칼럼	독일의 스포츠	174

알면 알수록 재미있는 독일의 위인 ⑤ 안네 프랑크   176

✳ Chapter 6 ✳ 연방 공화국과 민주 공화국

084 나치 시대의 끝	178
085 서독과 동독으로 분할된 독일	180
086 분할된 베를린	182
087 기름과 물 같은 서독와 동독	184
088 사회 재건의 정점, 월드컵 우승!	186
089 재건할 수 없는 동독	187
090 동서 대립의 상징, 베를린 장벽	189
091 쿠바가 위험해!	190
092 독일과 프랑스의 화해	191
093 브란트의 외교 정책	193
094 새로운 정당, 녹색당의 약진	195
095 마침내 붕괴된 베를린 장벽	196
096 쉽지 않은 통일	198
097 실화였던 쉰들러 리스트	200
098 통일 후 독일의 과제와 변화	201
099 독일 최초의 여성 총리	202
100 2천 년 독일의 역사와 미래	204
알면 알수록 재미있는 독일의 위인 ⑥ 리하르트 니콜라우스 폰 코우덴호페칼레르기	205

독일사 연표   206

쾰른 대성당
유럽에서 12세기 후반부터 15세기에 걸쳐 유행한 고딕 양식의 교회(대성당). 유네스코 세계문화유산으로 등재됐다. 건축할 때부터 1880년 완공될 때까지 600년 이상이 걸렸다.

비르케나우 강제 수용소
나치 독일이 제2차 세계대전 시기에 만든 강제 수용소. 여기서 강제 노동 및 인체 실험 등이 반복됐고 많은 유대인이 목숨을 잃었다. 현재는 유네스코 세계문화유산에 등재되어 있다.

베를린 장벽
베를린 시내에 세워진 장벽. 동서독 분단의 상징으로 여겨졌다. 1989년에 붕괴된 후 대부분은 부서졌지만 일부는 현재도 남아 있다.

✦✦✦ 프롤로그 ✦✦✦

강 건너의 민족, 게르만의 땅

여러분이 독일이라는 말을 듣고 아마 먼저 떠오르는 것은 공업국이라는 이미지와, 그다음으로 떠오르는 것은 맥주나 소시지가 아닐까 싶습니다. 유럽 경제의 중심이지만 농축산물로도 잘 알려진 나라입니다. 현재 독일 서부를 흐르는 라인강 중류에서 하류에 이르는 지역에는 공업 지대가 넓게 형성되어 있고, 그 동쪽에는 울창한 삼림 지대가 펼쳐져 있죠. 이 숲이야말로 독일인의 고향입니다. 깊은 숲을 개척하고 밭을 가꾸는 데서 독일의 역사는 시작되었지요. 독일 사람들은 그 밭에서 맥주의 원료인 보리를 키웠고 숲에 무수히 떨어져 있는 도토리가 돼지를 키운 것입니다.

독일이라는 단어를 사용했는데요. 독일인이나 독일이라는 나라가 역사에 등장하는 것은 훨씬 뒤의 일입니다. 독일인 조상들이 가장 먼저 접한 것은 지금부터 2,000년도 더 된 오래전에 번영한 고대 로마 제국 사람들이었습니다. 오늘날 '로마' 하면 이탈리아의 수도죠. 그러나 2,000년 정도 전의 로마라고 하면 지중해 주변 지역을 모두 지배하는 대제국이었습니다. 지금의 프랑스나 영국도 이 영토에 포함되어 있었습니다. 그런 로마 제국에 유럽의 2대 하천인 라인강과 다뉴브강은 로마와 로마 이외를 가르는 경계였습니다. 로마인이 보기에 강 건너는 타국이고, 그 타국의 거주자가 바로 지금 독일인의 조상인 게르만인이었던 것입니다. '게르만'의 유래는 '게르마니아'입니다.

기원전 50년대에 로마의 군인 카이사르가 갈리아(오늘날 프랑스, 벨기에, 스위스 등)와 게르마니아(오늘날 독일, 폴란드, 체코 등)로 원정했습니다. 그 기록인 《갈리아 전기》에는 농경과 목축을 하는 게르마니아 사람들에 대해 기록되어 있습니다. 로마 제국의 중심인 로마(오늘날 로마와 동일)에는 식량을 비롯한 지중해 주변에서 얻은 물품

게르만인의 이동

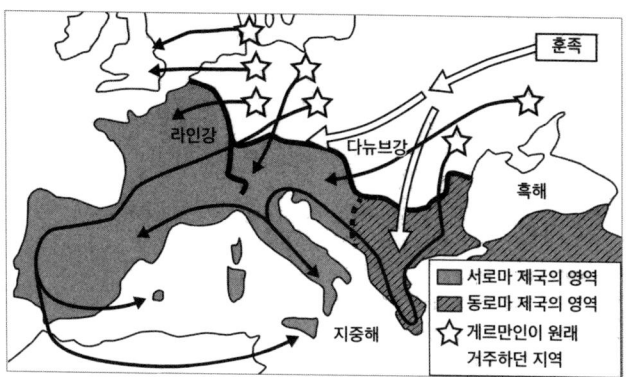

들이 모여 있었습니다. 3세기 이후에 이르러 지중해 동쪽에 사산 왕조의 페르시아 제국이라는 큰 나라가 나타났고 로마인들도 이를 신경 쓰게 됩니다. 원래 그리스인의 식민 도시였던 비잔티움이 4세기 콘스탄티노플로 개명됐고 많은 사람이 모였습니다.

4세기 말, 로마 제국은 이탈리아반도와 발칸반도 사이에서 동쪽과 서쪽으로 분할됐습니다. 서로마 제국은 로마를, 동로마 제국은 콘스탄티노플을 각각 수도로 삼았습니다. 그 무렵 게르만인은 인구가 증가함에 따라 식량 부족에 시달리고 있었습니다. 게다가 질병이 유행하고 동방에서 침입해 온 훈족에게 살 곳을 빼앗기기도 했기 때문에 다뉴브강과 라인강을 넘어 로마 제국으로 침입하게 됩니다.

이를 '게르만인의 대이동'이라고 합니다. 대이동 이전부터 농민과 용병으로 로마령으로 들어온 게르만인도 있었습니다. 그중에 오도아케르가 476년에 무력으로 서로마 황제를 위협하고 퇴위로 몰아넣습니다. 이렇게 서로마 제국은 멸망합니다.

이 무렵, 게르만인은 북아프리카에 반달 왕국을, 지금의 스페인 근처에 서고트 왕국을 건설합니다. 예전 로마 제국의 영역인 서유럽의 중앙부에는 프랑크 왕국이 건설되었습니다. 프랑크 왕국은 8세기 말 지금의 프랑스, 이탈리아 중부, 독일에 이르는 지역을 통일합니다. 하지만 9세기가 되자 프랑크 왕국은 내분 등으로 3개로 분열됩니다. 이 중 하나인 동프랑크 왕국이 독일이 되는 것이죠.

독일을 포함한 유럽의 역사는 기독교와 떼려야 뗄 수 없는 관계입니다. 특히 5세기부터 15세기 무렵의 유럽은 교회를 중심으로 움직였다고 해도 과언이 아닙니다. 이 책에서는 독일의 역사를 먼저 게르만인과 교회의 관계에서부터 풀어 나가 보겠습니다.

* * * Chapter 1 * * *

시작은 프랑크 왕국

001 독일의 뿌리, 프랑크 왕국

4세기 경, 유럽에서는 게르만인의 이동이 본격적으로 시작됩니다. 같은 시기 기독교 세계에서는 그리스도의 신성을 둘러싼 논쟁이 벌어졌습니다. 그 과정에서 신·그리스도·성령이 하나의 신이라는 삼위일체설이 정립되었습니다. 한편, 그리스도는 신이 아니라 인간이라고 생각하는 사람들도 많았고 게르만인의 대부분은 그 생각을 받아들였습니다. 하지만 프랑크 왕국은 이 삼위일체설을 받아들였고, 프랑크 왕국의 초대 국왕인 클로비스 1세는 생각이 다른 게르만인을 배제할 구실을 얻기 위해 교황에게 접근했습니다.

8세기 중엽, 이 프랑크 왕국에서 사건이 일어났습니다. 그때까지 줄곧 국왕의 지위를 이어온 명문 메로베우스 왕조에서 왕위를

빼앗으려는 자들이 나타납니다. 보좌역을 오래 맡고 있던 카롤링거 가문의 피핀 3세의 배신이었습니다. 교황은 카롤링거 가문이 더 도움이 될 것 같다는 이유로 피핀의 배신을 인정했습니다. 이렇게 해서 교황과 카롤링거 가문의 관계가 깊어져 갔습니다.

국왕이 된 피핀은 이탈리아 북부 라벤나 지방의 영토를 교황에게 기부했습니다. 이것이 '교황령'의 시작입니다. 당연히 그곳에서의 세수는 모두 교황의 것이었죠. 교황은 권위뿐만 아니라 큰 재산을 손에 넣었습니다.

그럼 게르만인의 시각에서 기독교를 바라볼까요? 7~8세기, 독일 동부 지역에서 활발하게 기독교를 전파한 것이 훗날 독일인의 사도로 칭송받는 보니파티우스입니다. 현재 독일인의 신앙심은 이 인물에 의해 만들어졌다고 할 수 있죠.

과거 많은 집단으로 구성되어 있던 게르만인 사회는 4세기경에 10여 개의 집단으로 모입니다. 각각의 국왕과 수장은 대이동을 지도했습니다. 라인강 하류 지역, 현재의 네덜란드와 벨기에 근처에 있던 프랑크인들은 프랑스 북부 방면으로 움직여 영토를 넓혀갔습니다. 그중 최대 세력이었던 메로베우스 가문의 클로비스가 프랑크 왕국을 건국하고 클로비스 1세가 됐습니다. 프랑크 왕국은 전쟁으로 영토를 확대해 갑니다.

002 카를 대제가 만든 유럽

게르만인이 이동하고 그 영역이 확장되던 7세기, 아라비아반도에서 신의 목소리를 전하는 예언자로 여겨진 무함마드가 이슬람교를 일으킵니다. 이들은 단결을 강화하기 위해 주변 지역을 공격하기 시작했습니다. 이슬람교도는 1세기가 채 되지 않는 동안 서쪽은 이베리아반도, 동쪽은 페르시아(오늘날 이란)까지 지배합니다. 이베리아반도에 존재했던 게르만인 국가 서고트 왕국은 멸망하고 말았죠.

이슬람 세력에게 지중해를 제압당하는 가운데, 피핀 3세의 아들 카를은 프랑크 왕국을 막강하게 만들며 이에 대응합니다. 카를은 이베리아반도의 이슬람 세력과 싸우면서 게르만의 영토를 지킵니다. 그리고 8세기 후반 프랑크족의 왕이 되어 현재의 프랑스, 독일, 북이탈리아 일대를 통일했습니다. 그 무렵 교황 레오 3세는 교황령을 둘러싸고 이탈리아반도의 유력 귀족들과 대립하고 있었고, 귀족들을 누르기 위해 카를에게 지원을 요청합니다.

카를의 도움을 받은 레오 3세는 800년 크리스마스에 5세기 이래 끊겼던 서로마 황제의 관을 카를에게 수여했습니다. 이렇게 해서 프랑크 왕국은 동로마 황제의 지배하에서 벗어났습니다. 그리고 카를은 '대제'라고 불리게 됐습니다. 서로마 황제의 탄생으로 게르만인, 로마 제국의 전통(라틴어 등), 그리스도교, 이 세 가지가 일체화된 지역이 등장했습니다. 이 지역이 바로 '유럽'입니다.

003 독일 왕국이 된 동프랑크 왕국

카를 대제가 814년에 사망한 뒤 프랑크 왕국에서 권력 다툼이 일어납니다. 843년 프랑크 왕국은 서부, 중부, 동부로 나뉘었습니다. 이후 중부 프랑크 왕국 영토는 지금의 이탈리아반도 북부만으로 축소됐습니다.

카를 대제에게 부여되었던 서로마 황제 지위는 동프랑크 왕이 계승했죠. 후에 동프랑크 왕국이 '독일 왕국'이 됩니다. 중부 프랑크 왕국의 남부에서는 유력한 귀족들이 서로 왕을 자처하여 작은 왕국이 난립합니다. 서로마 황제는 10세기경부터 독일 국왕과 이탈리아 국왕을 겸임하게 됐습니다.

분할된 프랑크 왕국

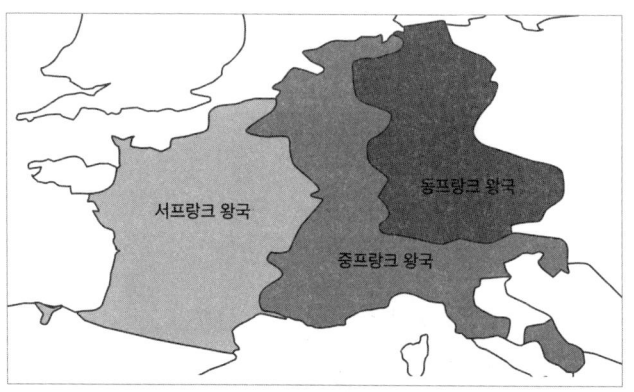

004　신성 로마 제국의 시작

　3개로 나뉜 프랑크 왕국은 저마다 국왕을 자처했지만 그 어느 나라도 국왕의 권력은 크지 않았고 제후 수준이었습니다. 사실 왕은 제후들을 총괄하는 역할 정도였던 것입니다. 게다가 독일 국왕은 제후들의 선거로 선출되었기 때문에 국왕의 권력을 강화하려고 해도 잘 될 리가 없었습니다.

　또 당시에는 교회 조직을 유지하는 대주교와 수도원 원장과 같은 성직자들이 있었습니다. 이들은 교회의 권위가 큰 시기에는 일반 제후 이상의 권력을 가지고 있었습니다.

　이윽고 독일 국왕은 황제의 지위를 요구하게 됐습니다. 그러기 위해서는 권력을 갖고 있던 제후들과 성직자들의 협조가 필요했죠. 10세기 중반, 독일 국왕이 된 작센 가문의 오토 1세는 동방에서 침입한 마자르인들을 무찌르고 그 기세로 독일을 통합하고자 했습

니다. 나아가 독일 내 교회나 수도원의 지배자였던 로마 교황과의 관계의 강화를 도모합니다.

962년, 오토 1세는 교황으로부터 로마 황제 칭호를 받았습니다. 이렇게 해서 독일 왕국은 '신성 로마 제국'이 됩니다. '신성'이란 교회에서 인정받은 황제가 있다는 것을 나타내죠. 즉, 오토는 교회의 권위를 이용해 독일에 군림했던 것입니다.

그런데 오토 1세 이후의 국왕(황제)을 결정하는 선거는 그야말로 혼란스러웠습니다. 독일 내 제후들의 의견과 이해가 대립하여 황제파와 교황파로 나뉘었기 때문입니다. 극심하게 대립했기에 13세기에는 황제가 뽑히지 않은 적도 있었습니다. 이 기간을 독일사에서는 '대공위 시대'라고 합니다. 14세기 중반에 이르러 유력한 제후 7명이 황제를 뽑는 '선제후'가 되어 이들의 선거로 황제가 결정되었습니다.

005 황제보다 대단한 '황제를 뽑는 사람'

7명의 선제후가 자신들의 권리를 제한할 인물을 신성 로마 황제로 선택할 리는 없습니다. 결국, 황제는 형식적인 존재로 전락하고 맙니다. 황제, 곧 독일 왕의 권력이 약했기 때문에 독일의 제후들은 각자의 영지에서 강력한 권력을 행사할 수 있었습니다. 그 결과, 독일 내에는 수많은 소국들이 등장하게 됩니다.

이런 제후들을 '영방 군주'라고 부릅니다. 황제는 영방 군주가 강력한 힘을 갖는 것을 억제하기 위해 각 도시에 자치 칙허장을 내렸습니다. 칙허장을 받은 도시를 '제국 도시'라고 합니다. 나아가 황제는 입지를 강화하기 위해 교황이 있는 이탈리아를 지배하고자 원정을 시도했습니다. 황제가 자주 부재한 독일은 점점 분열되어 갔죠.

분열이 진행되자 제후들은 각자 주군과 신하의 계약을 맺게 되었습니다. 주군은 신하에게 영지를, 신하는 주군에 대한 충성을 맹세합니다. 주군과 신하 모두 독립성이 높아 계약을 위반하면 관계는 해소됐습니다. 또한 한 사람의 제후가 여러 주군이나 신하를 두는 것도 가능했습니다. 형식적이지만 이러한 주종 관계의 정점에 선 것이 독일 국왕이었습니다. 이것이 바로 중세의 질서인, 봉건제입니다.

006 농업혁명부터 도시 성장까지

신성 로마 제국이 성립했을 무렵 유럽은 농업 사회였습니다. 농민은 영주의 장원, 즉 경작지에서 자급자족의 생활을 하고 있었습니다. 농노라고 불렸던 농민들은 이동이 금지됐습니다. 농노는 식량부터 농사 도구까지 생활에 필요한 모든 것을 스스로 해결해야 했습니다. 외부와 거의 교섭을 갖지 않는 농노에게 주변의 연못과 강, 숲은 물고기와 야생 동물의 보고였습니다. 그런 유럽에서 11~12세기에 이르러 큰 변화가 일어납니다.

장원에서는 춘경·추경·휴경의 3개로 구분한 삼포제 농법이 시작됐습니다. 토지를 효율적으로 이용하는 삼포제 농법과 땅을 깊고 빠르게 경작하기 위해 소나 말에 크고 무거운 쟁기를 부착하여 끌게 하는 농법이 보급되면서 생산력이 올라갔습니다. 이러한 기술이 급속히 퍼지며 중세의 '농업혁명'이 시작됩니다.

농업혁명으로 도구를 만드는 장인, 곡물을 거래하는 상인, 그리고 자금을 제공하는 금융업자 등이 등장하죠. 그들은 농촌을 떠나 이사를 합니다. 바로 그 활동 거점이 '도시'가 됩니다. 도시에는 화폐를 만들 권리가 인정됐습니다. 상인들은 발트해나 북해에 나가 어업에 종사하기도 하고, 멀리 떨어진 곳과 상업 활동을 시작하기도 했습니다.

도시의 상인들은 안전한 상업 활동을 하기 위해 동맹을 맺습니다. 독일 북부의 도시 뤼베크를 중심으로 결성된 '한자Hansa 동맹'에는 성수기에 100여 개 도시가 가입했습니다. 동맹에 가담한 도시에서는 공통의 화폐가 사용됐고 군대도 있었습니다. 독일 남부의 도시 아우크스부르크는 남북 사람과 물건의 왕래를 중개하는 산업으로 번창했습니다. 이 도시의 귀족인 푸거 가문은 유럽 각지에 은행과 같은 경제 활동을 하는 지점을 둬 중세 유럽의 상업 활동을 지탱했습니다.

007 동쪽으로, 동쪽!

 신성 로마 제국의 경제 사회 움직임은 11세기 말~13세기 말에 유럽에서 결성된 십자군과도 관련되어 있습니다. 십자군은 이슬람교도에게 빼앗긴 성지 예루살렘을 되찾기 위한 원정군입니다. 이 움직임 또한 독일 경제를 활성화했습니다.

 십자군에서 주목받는 것은 상처를 입고 병에 걸린 병사들을 간호하거나 성지를 지키기 위해 결성된 각지의 기사단입니다. 독일에는 독일 기사단이 있었습니다. 기사단의 단원들은 이슬람교도들과 싸우면서 기독교를 포교했습니다. 독일 기사단의 활동 범위는 동유럽 방면으로도 넓어졌습니다. 이렇게 해서 독일인은 현재의

폴란드나 체코, 우크라이나 방면에까지 진출합니다. 이러한 움직임에 맞추어 농민들도 적극적으로 동쪽으로 옮겨 살게 됐습니다.

뛰어난 농업 기술을 갖춘 독일 농민들은 인구가 많아지자 새로운 경작지를 찾고 있었습니다. 독일 기사단은 이러한 농민들의 안전을 지키기 위한 활동도 했죠. 한자 동맹의 도시 상인들도 곡물·농기구·일용품 교역에 적극적으로 진출했고 약 15세기까지 독일의 경제는 계속 발전했습니다.

경제가 발전하면서 농민들이 사회를 바라보는 시각도 변화했습니다. 예를 들어, 농노는 왜 영주에게 속박되어 엄격한 세금을 내야 하는지, 교회에는 왜 수확물의 10분의 1에 해당하는 세금을 내야 하는지 의문을 품게 됐습니다. 그리고 농민들의 불만은 곧 국왕과 교회를 향하게 됩니다.

008 그런데 이탈리아는?

　신성 로마 제국 중 현재 독일에 해당하는 지역을 소개했습니다. 그런데 신성 로마 제국에는 현재의 이탈리아도 포함되죠. 그럼 이탈리아에 있던 교황과의 관계는 어땠을까요? 황제와 교황은 서로 우위를 차지하고자 대립했습니다. 구체적으로는 성직자의 임명권을 어느 쪽이 갖느냐와 관련하여 다퉜습니다. 1077년, 황제 하인리히 4세가 교황 그레고리우스 7세에게 고개를 숙이는 '카노사의 굴욕' 사건도 있었습니다.

　그런데 황제에게는 성직자 임명권과 함께 라인강을 거치는 남북 상업 루트를 확보하려는 의도가 있었습니다. 하인리히 4세의 증손자이자 특징적인 외모로 '붉은 수염'이라 불린 프리드리히 1세는 북이탈리아로 원정에 나섰고, 이탈리아는 어려움을 겪습니다.

　프리드리히 1세의 손자 프리드리히 2세는 어린 시절, 중세 교회 최전성기의 교황인 인노첸시오 3세의 지원을 받기도 했고 생애 대부분을 이탈리아의 시칠리아섬에서 보냈습니다. 프리드리히 2세는 똑똑한 군주였지만 이탈리아 통일을 꿈꾸며 독일로 돌아오지 않았기 때문에 독일은 더욱 분열되어 갔습니다.

　그 후 신성 로마 제국의 제위를 계승하는 합스부르크 가문도 이탈리아에 영향력을 펼치려는 정책을 시작합니다. 스페인과 프랑스도 이탈리아로 진출을 노렸고, 15세기 말부터 16세기 중반까지는 이탈리아를 둘러싼 다툼이 계속됐습니다.

009　르네상스와 종교개혁

　14세기에는 신성 로마 제국에도 십자군과 북이탈리아 상인들의 활동으로 동로마 제국으로부터 헬레니즘 문화가 도입됐습니다. 헬레니즘은 그리스 문화와 오리엔트 동방 문화가 서로 영향을 주고받아 생긴 문화를 말합니다. 이후에 헬레니즘이 유럽에서 재조명된 것을 '르네상스'라고 합니다.

　기독교에서 신은 절대적인 권위를 가지며 인간을 포함한 세계의 창조자입니다. 이에 반해 헬레니즘은 인간의 자유와 개성을 존중했습니다. 헬레니즘이 확산되자 사람들은 점점 삶의 즐거움을 찾고자 했습니다. 이러한 사고방식을 인문주의(휴머니즘)라고 합니다.

　르네상스의 대표적인 건축물은 지금도 바티칸 시국에 있는 성 베드로 사원입니다. 당시 고대 로마 시대의 건물이 이미 많이 노후화됐기에 교황의 요청으로 재건됐습니다. 그런데 이 성 베드로 사원의 건설 자금이 시대를 움직이는 대소동이 됩니다. 교황은 자금

을 모으기 위해 면죄부를 판매했습니다. 증서를 사면 저지른 죄를 면해 주겠다는 것입니다.

이에 분노한 것이 작센 지방에서 태어난 신학자 마르틴 루터였습니다. 1517년, 루터는 '95개조의 논제'를 발표합니다. 루터는 면죄부는 무의미하며 신의 구제는 돈을 기부하는 등의 행위가 아니라 신을 믿음으로써 얻는 것이라며, 성경을 근거로 주장했습니다. 그 결과, 루터는 신성 로마 황제인 카를 5세로부터 철회하라는 명령을 받고, 교황으로부터는 파문을 당합니다.

하지만 루터는 압력에 굴하지 않고 황제와 대립하던 작센 선제후에게 보호를 받습니다. 그리고 성서를 독일어로 번역해서 일반 백성들도 읽을 수 있도록 했습니다. 게다가 이 무렵에 활판 인쇄기의 개발로 독일어 성서와 루터의 가르침을 정리한 서적이 널리 확산됐습니다. 또한 루터는 번역할 당시 독일어의 방언 대신 작센의 관청에서 사용된 말을 사용했습니다. 이것이 독일어의 기초가 됐다고 합니다. 이처럼 루터의 주장이 독일 전역에서 지지를 모으는 한편, 로마 교황을 지지하는 제후들도 있었습니다. 양자의 대립이 격렬해지면서 '종교개혁'으로 발전해 나갔습니다.

010 들고일어난 기사와 농민

　루터의 종교개혁으로 신성 로마 제국은 혼란 상태에 빠졌습니다. 마침 대포와 같은 화기가 보급되면서 다툼은 집단전으로 변하고 있었습니다. 이 때문에 무거운 갑옷과 투구를 입고 말을 타며 긴 창을 들고 싸우는 하급 제후, 즉 기사는 활약할 자리를 잃고 빈곤에 시달리고 있었습니다. 루터의 호소를 계기로 기사들은 불만이 폭발하여 라인강 하류 등에서 교회 및 대제후를 습격합니다. 하지만 도와주는 세력이 적었기 때문에 바로 진압됐습니다.

　1524년 "신 앞에 만인은 평등하다."는 루터의 말에 자극받은 농민들도 들고일어납니다. 이들의 요구는 교회에 내는 세금인 십일조의 쓰임새에 대한 비판과 세금 및 노동을 줄여달라는 내용이었습니

다. 당초 루터도 농민을 지지했지만, 같은 신학자이자 적대시하던 뮌처가 지도자가 되고 나서부터는 반대 입장을 취했습니다.

더욱이 광산 노동자나 가난한 농민이 뮌처의 편에 서서 가세하며 행동이 과격해졌습니다. 이에 루터는 영주(영방 군주)에게 진압을 호소합니다. 그럴 법도 한 것이 애당초 루터는 사회의 질서는 신이 정한 것으로 잘못된 것은 교회이며 사회 자체는 틀리지 않다고 생각했기 때문입니다.

1525년, 농민들의 반란은 영주들에 의해 진압되었습니다. 그리고 루터를 믿는 많은 영주가 자신들의 영지 내 민중들에게 가톨릭이든 루터파든 강요할 수 있게 됐습니다. 결국 독일에서는 종교개혁으로 영주의 권력이 세졌습니다.

011 카를 5세의 고뇌와 프로테스탄트

종교개혁 무렵 신성 로마 제국의 황제는 카를 5세였습니다. 스페인 왕이기도 했던 카를 5세는 이탈리아를 차지하기 위해 프랑스와 대립합니다. 또한 남쪽의 오스만 제국이 프랑스와 짜고 쳐들어와 수도 빈을 포위당하는 위기를 맞기도 했습니다.

카를 5세는 대외적으로 바쁜 탓에 루터파 영주의 눈치를 보며 정책을 취할 수밖에 없었습니다. 그 결과 루터교는 더욱 확대되어 갑니다. 하지만 1529년에 열린 제국 의회에서 카를 5세는 루터교의 포교를 금지하는 선언을 내립니다. 이에 루터교 영주는 거세게 항의했습니다.

이때부터 루터파는 '프로테스탄트'라고 불리게 됩니다. 그 후에도 카를 5세(가톨릭)와 루터파(개신교)의 대립은 계속됐습니다. 1546~1547년에는 양측 사이에 슈말칼덴 전쟁이 일어납니다. 이 전쟁은 일단 카를 5세의 승리로 끝나지만 프로테스탄트 영주들이 반발하여 전투가 계속됐습니다. 결론이 나지 않자 이탈리아를 둘러싸고 프랑스와 대립하던 카를 5세는 영방 군주들에게 호소해 아우크스부르크의 화의가 맺어졌습니다. 이 화의에서 영주민은 영주의 종교를 따른다는 합의가 이루어졌습니다. 신앙의 자유는 인정되지 않으며, 영방 및 도시마다 가톨릭이나 프로테스탄트(루터파) 중 어느 한쪽을 선택해야 한다는 원칙이 생깁니다.

칼럼 독일 국기, 국가, 국장의 비밀

역사의 거센 파도를 헤쳐 온 상징으로 남다

독일의 국기는 검은색-빨간색-황금색으로 되어있습니다. 각각 슈바르츠-로트-골트라고 불리며 검은색은 근면, 빨간색은 정열, 황금색은 명예를 나타냅니다. 배색은 19세기 초 프랑스 나폴레옹 군과 싸운 독일의 군인들의 망토나 견장의 색에서 유래했습니다. 1848년 독일 연합 국기로 채택되어, 1919년 바이마르 공화국의 국기가 됐습니다.

1935년에는 나치의 지배로 붉은 바탕에 하얀 원과 갈고리 십자가 있는 깃발인 하켄크로이츠로 국기가 대체됐지만, 제2차 세계대전 후 1949년에는 삼색기가 서독의 국기로 부활했고, 1990년 통일 이후에는 독일 전역에서 삼색기가 사용되고 있습니다.

국가 〈독일인의 노래〉는 1797년 하이든이 신성 로마 황제 프란츠 2세에게 바치기 위해 작곡한 멜로디에 시인 팔러슬레벤이 가사를 붙인 것으로, 1922년 바이마르 공화국의 국가가 됐습니다. 1절에 독일의 우위를 강조하여 노래하는 가사가 있는데 이 1절을 나치가 국가로 삼아 부정적인 이미지가 있었기 때문에 제2차 세계대전 후에는 베토벤의 〈환희의 송가〉가 국가로 여겨졌습니다. 1952년 독일이 올림픽에 출전하면서 가사에 조국 통일의 염원이 담긴 3절을 부르는 것을 전제로, 〈독일인의 노래〉가 국가로 부활했습니다.

국장은 노란 방패형 문장에 날개를 펼친 난두의 검은 독수리를 배치한 것으로, 1950년에 채택됐습니다. 독일에서는 신성 로마 제국 성립 이래 검은 독수리를 상징으로 하고 있습니다. 19세기 독일 연방 시대에는 쌍두의 검은 독수리가 국장에 이용됐습니다.

독일 국기의 변천

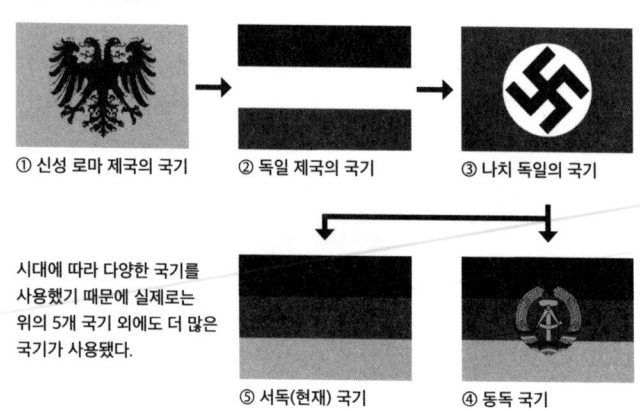

① 신성 로마 제국의 국기 ② 독일 제국의 국기 ③ 나치 독일의 국기

시대에 따라 다양한 국기를 사용했기 때문에 실제로는 위의 5개 국기 외에도 더 많은 국기가 사용됐다.

⑤ 서독(현재) 국기 ④ 동독 국기

알면 알수록 재미있는
독일의 위인 ★ 1 ★

신성 로마 제국의 초대 황제, 오토 1세

이민족과 과감히 싸워 기독교 세계를 지키다

독일 북부의 작센 공국에서 태어난 오토 1세는 아버지의 뒤를 이어 936년 동프랑크 왕국의 왕이 됐습니다. 그 후, 서유럽에 침입한 이교도 마자르인을 무찌릅니다.

유럽 지역과 기독교 세계를 수호했다고 하여 962년 교황에게 황제 칭호를 받고 교황령 부근의 이탈리아 북부와 동프랑크 왕국을 다스리는 신성 로마 제국의 황제가 됩니다. 오토 1세는 기독교를 포교하면서 각지를 통치했습니다. 성직자를 지배권 내에 배치하여 지배력을 강화하였습니다.

오토 1세는 생전의 공적을 인정받아 후에 '오토 대제'라고 칭해집니다. 신성 로마 제국은 영토를 바꿔나가면서 1806년까지 존속했고 오늘날 독일의 원형이 됐습니다.

Chapter 2

오스트리아와 프로이센

012 제국의 중심이었던 오스트리아

서기 100년경 동유럽을 흐르는 다뉴브강 상류까지 영토를 넓힌 로마 제국은 거점으로 빈도보나^{Vindobona}라는 도시를 건설했습니다. 이것이 지금의 오스트리아 수도 빈의 시작입니다.

빈에서 다뉴브강을 따라 조금 내려간 곳에는 현재 헝가리의 수도 부다페스트가 있습니다. 현재 세계지도를 보면 독일의 동쪽, 오스트리아와 헝가리의 북쪽에는 체코와 슬로바키아가 있습니다. 과거 이 두 나라는 '체코슬로바키아'라는 하나의 국가였지만, 1993년 민족 대립으로 분리되었습니다.

중세 오스트리아는 헝가리 및 체코슬로바키아와 우호 관계에 있었는데 특히 체코는 '보헤미아'라고 불리며 신성 로마 제국을 구성하는 주요 국가 중 하나였습니다.

오스트리아라는 국명은 동쪽 변경백의 영토인 '오스트마르크'에서 유래했습니다. 변경백이란 국경을 방위하기 위해 놓인 군사 거점에 파견되는 관리의 호칭입니다. 당시 독일의 동쪽에는 훈족 등이 잇달아 침입해 왔었습니다. 그들로부터 본토를 지키기 위해 카를 대제와 오토 대제는 오스트마르크 변경백을 두고 수비를 했습니다. 이 오스트마르크가 12세기 중엽에 오스트리아 공국이 됐습니다. 여기서부터는 신성 로마 제국의 주역이 된 나라들이 어떻게 탄생했는지 소개하겠습니다.

013 스위스에서 온 합스부르크 가문

13세기에 신성 로마 제국의 서남부(오늘날 스위스)에 있던 제후인 합스부르크 가문이 오스트리아에서 실권을 잡았습니다. 합스부르크라는 가문의 이름은 하비히츠부르크 성을 거점으로 한 것에서 유래했습니다.

합스부르크가의 발상지인 스위스(아직 나라는 없지만 여기서는 그렇게 부르겠습니다)는 알프스의 고지에 위치합니다. 당시부터 유럽 남북의 교통이 교차하고 인적, 물적 자원의 왕래가 활발해짐에 따라 중요한 장소가 되어갔습니다. 합스부르크가가 오스트리아를 지배하기 시작하자 인접한 스위스 사람들은 이를 싫어하고 저항합니다. 200년 이상 저항한 결과, 15세기 말에 스위스는 사실상 독립을 이뤘습니다.

014 뿔뿔이 나뉜 신성 로마 제국

국가는 영토가 있어야 성립합니다. 그러나 13세기의 신성 로마 제국에는 국제적으로 인정받은 영토가 없어 황제가 어디까지 지배할 수 있는지가 모호했습니다. 당시에는 황제가 아닌 각 영주가 농민들로부터 세금을 징수하고 있었죠. 예를 들어, 수확한 작물은 물론 동물을 사육하거나 꿀을 채취하는 숲의 사용권, 빵을 굽는 가마나 가루를 빻기 위한 물레방아를 이용할 권리 등 농민들의 생활을 뒷받침하는 온갖 것에 세금을 부과했습니다. 게다가 농민들이 다른 곳으로 이동할 자유를 인정하지 않았죠.

1273년 합스부르크 가문 출신의 루돌프 1세가 황제가 되면서 대공위 시대가 끝났습니다. 합스부르크가가 황제 지위를 독점하게

16세기 중반의 신성 로마 제국 합스부르크가 영토

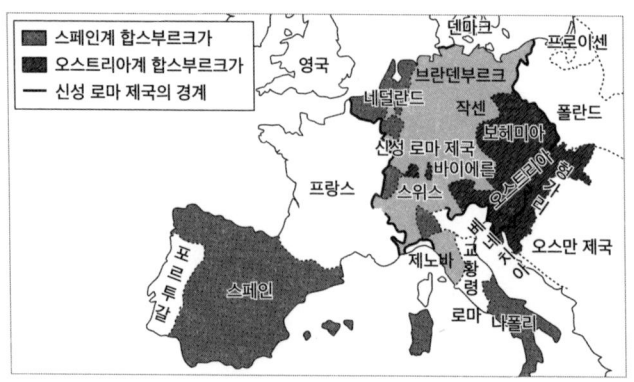

된 것은 15세기 중반 이후입니다. 합스부르크가는 신성 로마 제국으로서의 통합보다 자신의 영지를 확대하는 것에만 힘을 쏟았습니다. 이렇게 해서 신성 로마 제국은 이름만 존재하는 상태가 되고 맙니다.

또한 16세기에는 제국 밖으로도 세력을 넓혀갔습니다. 1519년 신성 로마 황제로 즉위한 카를 5세는 어머니의 출신지인 스페인의 왕도 겸했습니다. 스페인 왕으로서는 카를로스 1세로 불렸습니다. 당시의 스페인은 신대륙의 발견과 해외 식민지 확장으로 필리핀 등을 영토로 하고 있었기에 세계 곳곳의 영토의 어딘가에서는 반드시 태양이 뜨고 있다고 하여 '해가 지지 않는 제국'이라고 불렸습니다. 카를 5세는 이 제국에 군림하는 황제가 됐습니다.

카를 5세가 죽은 후 합스부르크 가문은 스페인계와 오스트리아계로 나뉩니다. 그리고 1568년, 스페인계 합스부르크가가 지배하고 있던 네덜란드(네덜란드와 벨기에를 중심으로 하는 지역)가 독립하고자 들고일어났습니다. 이 싸움에서 합스부르크가는 패하고 네덜란드는 1609년에 실질적인 독립을 이룹니다. 정식으로 승인된 것은 1648년입니다.

015 프로이센 공국에서 왕국으로

　신성 로마 제국에서 중요한 역할을 하는 또 하나의 나라가 바로 프로이센입니다. 프로이센의 뿌리는 크게 두 가지가 있습니다. 하나는 엘베강 동쪽의 수비를 맡았던 브란덴부르크 변경백입니다. 이곳에 처음에는 오토 대제의 출신인 작센 가문이 변경백으로 임명됐으나 다른 가문을 거쳐 1415년부터는 호엔촐레른 가문이 변경백을 얻게 됩니다. 브란덴부르크 변경백보다 더 동쪽에도 독일인들이 진출해 있었습니다. 프로이센의 또 다른 뿌리가 바로 이 동방식민의 농민들입니다.

　독일 기사단은 이 지역에서 프로이센인에게 기독교를 포교하고 전쟁을 일으켜 결국 쫓아냈습니다. 13세기 중엽에는 지금의 폴란드 북부에 '독일 기사단령'이 생깁니다.

　그리고 독일 기사단은 프로이센의 이름을 이어 프로이센 공국을 세웁니다. 그러나 프로이센 공국은 교황의 종교적 권위 아래 있었습니다.

　16세기 초 호엔촐레른가의 알브레히트가 독일 기사단장으로 취임합니다. 알브레히트는 1523년, 가톨릭에서 루터교로 개종했습니다. 2년 후 독일 기사단은 교황의 지배를 받지 않는 '세속 국가'인 '프로이센 공국'이 됩니다. 그리고 1618년, 브란덴부르크 공국과 프로이센 공국이 합쳐져 브란덴부르크-프로이센 공국이 됐습니다.

　1701년, 오스트리아(합스부르크가)와 프랑스(부르봉가)가 다투는 스페인 왕위 계승 전쟁이 일어납니다. 이때 브란덴부르크-프로이센 공국은 오스트리아 편을 드는 것을 조건으로 '왕호' 사용을 인정받습니다. 이렇게 해서 '프로이센 왕국'이 탄생했습니다. 덧붙여 오스트리아의 합스부르크 가문은 신성 로마 제국의 황제 직위를 계승하고 있었지만, 나라의 지위는 '왕국'보다 아래인 '대공국'이었습니다.

016 30년 전쟁의 첫 번째 단계

1618부터 1648년까지 신성 로마 제국을 무대로 벌어진 종교 전쟁, 즉 30년 전쟁이 일어났습니다. 여기서부터는 전쟁의 흐름과 함께 그 밖의 영방 국가들을 소개하겠습니다. 영방 국가 중 하나인 보헤미아(오늘날 체코)의 왕으로는 합스부르크가의 페르디난트 2세가 지명됐습니다. 그러나 1618년, 그를 왕위 계승자로 인정하지 않는 보헤미아인 일부가 합스부르크 가문 관리들을 프라하 성 창문 밖으로 떨어뜨리는 사건이 벌어집니다.

보헤미아는 원래 반가톨릭 성향의 지역이었기 때문에, 가톨릭을 국교로 삼는 합스부르크 가문의 독일 왕국과는 대립하고 있었습니다. 이 사건으로 '30년 전쟁'이 시작됩니다. 결속되지 못한 보헤미아는 합스부르크가의 중심인 오스트리아에게 패배합니다. 합스부르크가에 반항한 제후들은 처형되거나 추방되고 재산은 몰수당합니다. 보헤미아 왕이 된 페르디난트 2세는 주민들에게 가톨릭을 강요했습니다.

이제 전쟁의 무대는 라인강 중앙부의 팔츠로 넘어갑니다. 그곳은 칼뱅파의 중심지였습니다. 1623년 가톨릭 진영의 연맹군(합스부르크 오스트리아, 스페인 등)은 팔츠를 공략했습니다. 이 연맹군에 유력 영방인 바이에른 공국도 참가하고 있었습니다.

바이에른은 그때까지는 소영방이었지만, 16세기 종교개혁에서 교황과 가톨릭 측에 협력하며 급속히 힘을 키우고 있었습니다. 그리고 팔츠 전투에서 승리함으로써 바이에른은 팔츠의 선제후 지위를 획득했습니다. 또한, 가톨릭 편을 든 스페인은 황제 선거에서 가장 지도력을 발휘한 팔츠 선제후의 영지를 지배하고, 이탈리아와 네덜란드를 잇는 라인강 변 교통로를 확보합니다. 여기까지가 30년 전쟁의 첫 번째 단계입니다.

017 30년 전쟁의 두 번째 단계

스페인이 서유럽에서 세력을 확대함에 따라 프랑스는 위기감을 느꼈습니다. 그리고 1625년 합스부르크 가문을 견제하기 위해 북독일 루터파계의 제후국, 네덜란드, 잉글랜드, 덴마크 등 신교 국가들과 반합스부르크 동맹인 헤이그 동맹을 체결합니다.

이렇게 해서 30년 전쟁은 두 번째 단계로 접어듭니다. 이 동맹에서는 덴마크 국왕인 크리스티안 4세가 참전했고, 가톨릭(교황) 측에서는 용병 대장 발렌슈타인이 10만의 신성 로마 제국의 황제군을 이끌고 싸웠습니다. 군사력에서 앞선 황제군은 우위를 점했고, 1629년 평화조약이 체결됐습니다. 그 결과 그때까지 신교 세력에 몰수됐던 교회령은 구교 측에 반환됐습니다.

그러나 이때 신성 로마 제국에서는 황제의 권력이 매우 커진 것에 대한 위기감이 높아졌습니다. 또한 승리의 일등 공신인 발렌슈타인은 일약 명성을 얻지만 권력이 너무 커지는 것을 경계한 황제에 의해 해임됩니다.

018 또 다른 세력, 스웨덴

신성 로마 제국의 혼란스러운 상황을 지켜보던 또 다른 세력이 참전합니다. 스웨덴 왕 구스타브 아돌프입니다. 여기서부터 30년 전쟁은 세 번째 단계로 돌입합니다. 1631년, 아돌프는 작센 선제후와 브란덴부르크 변경백과 동맹하여 황제군과 대결했습니다. 이에 패한 황제군은 발렌슈타인을 다시 불러들입니다. 뤼첸에서 벌어진 전투에서 스웨덴은 발렌슈타인이 이끄는 군대에 승리했으나 아돌프는 전사하고 맙니다. 그 후 발렌슈타인은 암살당합니다.

1635년, 황제는 작센 등과 조약을 맺고 신교계 영주들의 영지를 원래 영주에게 돌려주겠다고 약속했습니다. 그래도 전쟁은 끝나지 않습니다. 이번에는 프랑스의 재상 리슐리외가 오스트리아

합스부르크가의 약화를 노리고 참전을 결정하죠. 오스트리아와 프랑스는 같은 가톨릭 나라지만 싸웠습니다. 이 무렵부터 종교 전쟁이 아니라 영토를 둘러싼 싸움이 되어 갔습니다. 프랑스가 참전하면서 상황은 더욱 복잡해집니다.

1640년대에 들어서자 모든 나라가 피폐해졌기에 결국 평화 협상이 시작됐습니다. 그리고 1648년, 신성 로마 제국은 프랑스와는 뮌스터에서, 스웨덴과는 오스나브뤼크에서 베스트팔렌 조약을 맺습니다. 마침내 30년 전쟁은 끝났고, 동시에 이후 국가 간의 이해관계를 어떻게 조정할지도 결정됐습니다.

019 300개의 나라, 신성 로마 제국

 영주가 영주민의 종교를 선택하고, 영주민은 영주의 종교를 따른다는 아우크스부르크 화의를 기억하시죠. 베스트팔렌 조약에서도 아우크스부르크 화의의 결정을 계속하기로 합니다. 또한 영주는 내정이나 외교의 독자적인 권리를 인정받아 반독립 세력이 됐습니다. 그 결과, 영방 국가의 수는 오스트리아나 프로이센과 같은 큰 규모부터 팔츠나 브라운슈바이크 등 중소 규모까지 약 300개였다고 합니다.

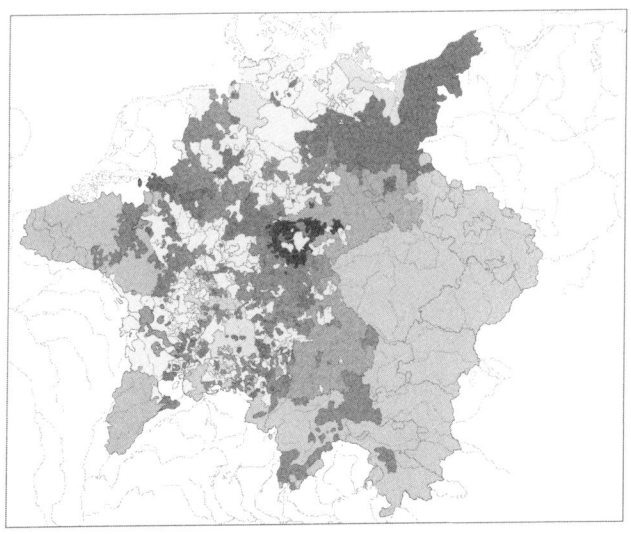

300여 개의 국가가 존재했던 신성 로마 제국
300여 개의 영방 국가와 도시로 구성됐고 그 영역은 지금의 독일, 오스트리아, 체코, 이탈리아 북부에 걸쳐 있다.

그리고 알자스나 로렌 지방(오늘날 독일과 프랑스의 경계 지대)에 프랑스의 거점이 여럿 생겼습니다. 또한 서포메른(오데르강 하류 유역)에는 스웨덴이 지배하는 땅이 생깁니다. 이미 합스부르크가의 지배에서 벗어나 있던 스위스와 네덜란드의 독립도 정식으로 승인됐습니다.

이렇게 30년 전쟁으로 신성 로마 제국의 국가 체제와 영토는 상실됩니다. 이후에도 존속하지만 국가로서는 그다지 의미 없는 존재가 되어버리고 말죠. 그 후에도 독일에는 어려움이 계속됩니다.

020 프랑스 태양왕의 공격

30년 전쟁 말기, 프랑스에서 루이 14세가 즉위합니다. 절대 군주로 군림하던 루이 14세는 태양왕으로도 불렸습니다. 이 시기의 프랑스는 분열 상태였던 신성 로마 제국과는 크게 달랐습니다. 루이 14세는 영토를 넓히기 위해 주변과 차례로 전쟁을 치릅니다. 1688년 프랑스군은 독일과의 국경 지역인 알자스-로렌을 침공했습니다. 발단은 신성 로마 제국의 명문 팔츠 선제후의 후계자가 끊어진 것이었죠. 루이 14세는 이를 자신의 친족에게 물려주겠다고 했습니다. 이에 신성 로마 제국의 황제 레오폴드 1세는 프랑스의 확장 전략에 반대하는 스페인, 네덜란드, 스웨덴 등과 함께 아우크스부르크 동맹을 결성했습니다.

같은 해 영국에서는 명예혁명이 일어납니다. 명예혁명으로 영국 왕이 된 윌리엄 3세도 아우크스부르크 동맹에 참여했습니다. 동맹군은 1688~1697년의 장기간에 걸쳐 프랑스군과 불규칙적으로 싸우며 어떻게든 격퇴했습니다.

이후 태양왕 루이 14세는 스페인의 왕위를 노리고 움직입니다. 1700년, 스페인 왕 카를로스 2세가 사망하자 180년 동안 이어진 스페인계 합스부르크 가문(자세한 내용은 47페이지 참조)이 단절되죠. 루이 14세는 여기에 눈독을 들여 자신의 손자를 스페인 왕으로 만들고자 합니다. 이것이 실현되면 스페인은 루이 14세의 혈통인 부르봉 가문에 왕위를 빼앗겨버리게 됩니다. 이러한 상황에서 오스트리아는 주변 국가들과 짜고 프랑스와 싸웠습니다. 이 전쟁이 바로 스페인 왕위 계승 전쟁입니다.

이 전쟁은 처음에는 프랑스 우위로 진행됐지만 점차 형세는 역전됩니다. 그런데 1705년에 신성 로마 제국의 레오폴드 1세가 사망하고, 그 뒤를 이은 요제프 1세도 1711년에 급사합니다. 요제프 1세의 동생 카를 6세가 황제로 즉위하자 동맹국들은 과거 스페인과 신성 로마 제국을 함께 지배했던 카를 5세와 같은 황제가 다시 나타나면 안 된다고 주장했고, 평화조약을 맺고 전쟁은 종결되었습니다.

그 결과 스페인과 프랑스는 같은 군주가 다스리는 하나의 나라가 되지 않는다는 조건으로 스페인에서 부르봉가 왕의 즉위가 인정됐습니다. 오스트리아는 네덜란드의 남부(지금의 벨기에 등)를 넘겨받고 이탈리아의 밀라노 공국, 나폴리 왕국, 사르데냐섬까지 병합했습니다.

한편 프로이센은 전쟁 기간에 프리드리히 1세, 프리드리히 빌헬름 1세라는 군주가 나타나 국력을 강화해 나갔습니다. 1740년에 즉위한 프리드리히 2세도 이 방침으로 내정에 힘을 기울였습니다. 그런데 프리드리히 2세가 즉위하던 해에 오스트리아에서 왕위 계승 문제가 일어나 새로운 분쟁이 발생합니다.

021 여성의 가독 상속은 가능한가?

30년 전쟁과 여러 전란에서 알 수 있듯이 당시 유럽 제국의 군주에게 후사는 매우 중요했습니다. 여성에게는 계승권이 인정되지 않아 남성 후사가 없으면 가계는 단절되고 다른 가계에 빼앗기기 때문입니다.

가톨릭이 이혼을 금지했는데도 남자 아이가 태어날 때까지 결혼과 이혼을 반복하는 국왕도 있었습니다. 그런데 오스트리아 대공이자 신성 로마 제국의 황제인 카를 6세는 후사로 혼란을 빚을 것을 대비해 프랑스와 협상을 통해, 1713년 자신의 가계(딸)가 합스부르크 가문의 가독을 상속할 수 있도록 법률로 정했습니다.

지금까지 없었던 상황에 많은 국왕과 영주는 반대했습니다. 카를 6세는 반대하는 사람들의 동의를 얻기 위해 영국과 프랑스에 상업상의 특권과 영토를 줬고 협의를 거쳐 어떻게든 승인하게 했습니다.

1740년, 카를 6세가 사망하자 법에 따라 장녀 마리아 테레지아가 합스부르크 가문의 가독을 이어받아 오스트리아 대공이 됐습니다. 그런데 신성 로마 제국의 작센 선제후 및 바이에른 선제후가 이에 반대합니다. 게다가 프로이센에서 막 즉위한 프리드리히 2세가 오스트리아령인 슐레지엔으로 군사를 보냈습니다. 사실 프로이센은 마리아 테레지아가 오스트리아의 대공이 되는 것은 그다지 중요하지 않았고 광산물이 풍부한 슐레지엔을 노리고 있었습니다. 더욱이 오스트리아의 약화를 노렸던 프랑스나 스페인도 작센·바이

마리아 테레지아를 둘러싼 가계도

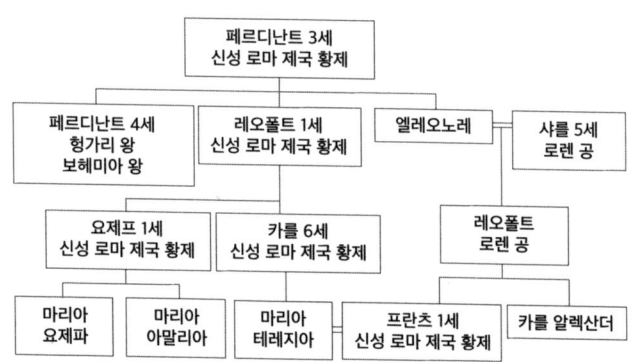

에른의 진영에 가세했습니다.

　마리아 테레지아는 프랑스와 적대 관계에 있는 영국을 아군으로 확보는 했지만 큰 위기에 빠집니다. 결국 지배하에 있던 헝가리 대공에게 지원을 요청했고 오스트리아 왕위 계승 전쟁이 시작됩니다.

　오스트리아 왕위 계승 전쟁이 시작됐을 무렵, 신성 로마 제국에서는 또 하나의 중요한 문제가 논의되고 있었습니다. 황제를 누구로 할 것인가였습니다. 여성이 황제가 되는 것은 허용되지 않았기 때문에 마리아 테레지아가 황제가 될 수는 없었습니다. 선제후 회의 결과, 바이에른 선제후인 카를 알브레히트가 카를 7세로 황제에 선출됐습니다. 이렇게 해서 합스부르크 가문은 황제 자리를 상실하고 맙니다.

022 빼앗긴 슐레지엔

1742년 오스트리아는 프랑스 등과 평화조약을 체결하고, 프로이센에 슐레지엔을 빼앗겼습니다. 그러나 이듬해 오스트리아는 헝가리군의 지원을 받아 바이에른을 점령합니다. 작센과도 동맹을 맺죠. 이제 오스트리아의 적은 프로이센뿐이었습니다.

1745년 신성 로마 제국의 황제 카를 7세가 사망하자, 오스트리아 마리아 테레지아의 남편 프란츠 슈테판이 신성 로마 제국의 황제 프란츠 1세로 즉위했습니다. 그해 오스트리아와 프로이센은 강화조약을 맺었고, 프로이센은 간신히 슐레지엔을 지킵니다. 이로써 독일에서의 전쟁은 끝나지만, 영국과 프랑스는 대립을 계속하여 이후 1748년까지 캐나다와 인도 등 식민지에서 전쟁을 계속했습니다.

023 결국 되찾지 못한 슐레지엔

오스트리아 왕위 계승 전쟁 후 마리아 테레지아는 국가의 위엄을 회복하기 위해 프로이센에 빼앗긴 슐레지엔을 어떻게든 되찾아야겠다고 생각했습니다. 하지만 혼자서는 프로이센의 국력에 대항할 수 없었죠. 그래서 오랜 세월 대립해 온 프랑스와의 관계를 개선했습니다. 먼저 딸 마리 앙투아네트를 왕태자 루이(훗날 루이 16세)에게 시집보냅니다. 프랑스에 대한 외교 정책을 전환했던 것을 '외교 혁명'이라고 합니다. 게다가 마리아 테레지아는 러시아와도 동맹을 맺었습니다. 왜냐하면 러시아도 프로이센의 프리드리히 2세를 싫어했기 때문입니다.

1756년 프로이센은 마침내 전쟁을 시작하기로 결의하고 먼저 작센을 공격했습니다. 또한 영국 및 하노버 선제후와 동맹을 맺습니다. 하지만 오스트리아, 프랑스, 러시아 동맹에 포위되며 크게 고전합니다. 한때는 프로이센의 베를린을 점령당할 뻔했죠.

그런데 1762년, 전쟁 상황은 크게 바뀝니다. 러시아에서 황제 엘리자베타가 사망하고 표트르 3세가 즉위했습니다. 표트르 3세는 프로이센의 프리드리히 2세를 존경했기 때문에 전선을 이탈합니다. 프랑스도 영국과 신대륙 및 인도에서 식민지 전쟁을 치르느라 프로이센과의 전쟁은 적당한 선에서 끝이 납니다.

러시아와 프랑스가 전쟁에서 빠지고, 오스트리아 단독으로는 프로이센을 이기지 못했기 때문에 점차 상황은 프로이센에 유리하게 기울어집니다. 7년에 걸친 전쟁 끝에 오스트리아는 슐레지엔을 되찾지 못했습니다. 그 결과, 오스트리아에서는 국내 개혁의 필요성이 커졌습니다. 마리아 테레지아의 아들인 신성 로마 제국의 황제 요제프 2세가 이를 실행합니다. 이후 독일의 역사는 프로이센과 오스트리아가 움직이게 됩니다.

024 계몽 전제 군주의 개혁

18세기 후반 프로이센의 프리드리히 2세와 오스트리아의 마리아 테레지아, 그 아들 요제프 2세 등은 '계몽 전제 군주'로 불립니다. 쉽게 말해 계몽이란 사람들을 가르치고 지식을 익히게 한다는 뜻이고, 전제 군주란 통치에 관련된 절대적인 권력을 가진 군주라는 의미입니다.

당시 프로이센과 오스트리아의 주요 산업은 농업이었습니다. 해외 무역을 하던 영국이나 스페인과 같은 나라들과 비교하여 시민들의 지식수준은 낮았기 때문에 경제 성장을 기대할 수 없었습니다.

이러한 나라의 상황을 이해하고 있던 프리드리히 2세와 마리아 테레지아는 시민을 교육해 나가야 한다고 생각해 정치 개혁을 시행합니다. 예를 들어, 프리드리히 2세는 어린 시절부터 프랑스 계몽사상가 볼테르의 법의 정신에 친숙했고 《반마키아벨리론》이라는 책을 썼습니다. 군주는 인민의 행복과 공공의 복지를 최대의 의무로 삼아야 한다고 생각했죠. 프리드리히 2세는 개혁을 주도하고 농민들이 편히 살 수 있는 정책을 실행하고자 합니다. 그러나 프로이센에서는 보수적인 지주 귀족이었던 융커가 여전히 힘을 가지고 있었고 프리드리히 2세의 개혁에 협력하지 않았습니다.

마리아 테레지아도 개혁을 추진하려고 했습니다. 가톨릭교회에 속하면서 이권으로 얼룩진 예수회를 금지하고 교회를 떠난 사람들을 채용하여 교육 사업에 힘을 쏟습니다.

아들 요제프 2세가 이 정책을 이어받았습니다. 개혁을 서두른 요제프 2세는 생애 6,000개의 법령을 내놓았습니다. 그런데 현 상황을 고려하지 않고 뭐든 바꾸려다 보니 기득권층은 크게 반발합니다. 결국, 그의 죽음 이후 많은 법령은 철회되죠.

025　연이어 등장한 천재 아티스트

　전란으로 혼란스러운 가운데 각지에서 새로운 문화 활동이 시작됩니다. 18세기 후반부터 19세기에 걸쳐서 프로이센의 쾨니히스베르크(오늘날 칼리닌그라드) 출신의 칸트와 뷔르템베르크 공국의 슈투트가르트 출신의 헤겔이 '독일 관념론 철학'이라고 후에 칭해지는 새로운 학문의 영역을 열었습니다. 이후 독일에서는 헤겔을 비판적으로 계승한 마르크스가 사회주의의 이론을 완성합니다. 그 밖에도 염세주의의 쇼펜하우어, 초인 사상의 니체, 정신분석학의 프로이트 등의 학자가 잇달아 등장했습니다.

　음악 분야에서도 현대 교과서에 이름이 실린 작곡가가 다수 등장합니다. 바로크 시대의 바흐(오늘날 튀링겐주 출신), 고전파의 하이든(오늘날 니더외스터라이히 출신), 빈 고전파의 모차르트(오늘날 잘츠부르크 출신), 악성樂聖으로 불린 베토벤(오늘날 노르트라인베스트팔렌주 출신) 등이 있었습니다. 많은 음악가가 모인 빈은 '음악의 수도'로 불렸습니다.

　문학 분야에서는 '질풍노도(슈투름 운트 드랑)'라고 불리는, 인간이 가진 감정의 움직임을 중시하는 작풍이 일세를 풍미합니다. 그때까지 주류였던 프랑스의 귀족적인 문학이 아니라 청년들의 삶의 기쁨과 괴로움을 파고드는 작품이 유행했습니다. 프랑크푸르트 출신 괴테가 쓴 《젊은 베르테르의 슬픔》과 바덴뷔르템베르크 출신 실러가 쓴 《군도》는 지금도 명작으로 읽히고 있습니다. 18세기 후반이 되자 영방에 따라 차이는 있었지만 초등 교육도 보급되기 시작했습니다.

종교개혁 이후의 학교에서는 기독교를 쉽게 가르치는 수업 정도였지만 점차 실용적인 학문도 요구되어 국어나 산수 등을 가르치는 교과서도 만들어집니다. 이렇게 읽고 쓸 줄 아는 사람들이 늘고 잡지와 신문, 책이 출판되기 시작했습니다. 프랑스에서 발전한 지식인들의 모임인 살롱이 독일에도 들어오면서 계몽사상이 확산됩니다. 새로운 대학도 설립되어 독일인의 지식수준이 향상되어 갔습니다.

026 프랑스 혁명의 영향

7년 전쟁 후 한동안 안정됐던 유럽 정세는 1789년 7월 14일, 갑자기 무너집니다. 파리 시민들이 바스티유 감옥을 습격하면서 프랑스 혁명이 시작된 것입니다. 정권의 과세 정책에 불만을 품은 시민들이 일어났습니다.

혁명이 한창인 가운데 오스트리아와 프로이센은 "왕정의 타도는 유럽의 국왕에 대한 도전이다!"라며 프랑스 혁명 정부에 경고를 보냅니다. 이에 프랑스 의회와 정부는 오스트리아에 선전포고를 했습니다. 오스트리아는 처음에 우세했지만 프랑스 국민으로 조직된 의용군에게 패합니다.

1793년 1월에는 프랑스 국왕 루이 16세가, 10월에는 왕비 마리 앙투아네트가 처형됐습니다. 마리 앙투아네트의 모국 오스트리아는 큰 위기감을 느끼죠. 혁명의 영향이 오스트리아에도 미치면서 군주제가 전복되는 것은 아닌지 두려워했습니다.

그해 영국, 스페인, 네덜란드, 프로이센 등이 제1차 대프랑스 동맹을 결성해 프랑스로 쳐들어갑니다. 다만 프로이센은 프랑스 혁명의 동향보다 폴란드의 분할 문제에 집중하여 2년 만에 이탈했습니다.

반면 프랑스에서는 1794년 쿠데타가 일어나 새로운 정부가 탄생했고, 징병된 국민으로 군이 편성됩니다. 그 지휘관이 바로 나폴레옹입니다. 오스트리아는 나폴레옹이 이끄는 프랑스 군대와의 전쟁에서 고전한 끝에 1797년 강화조약을 맺습니다. 이 조약에 따라 오스트리아는 라인강 좌안을 프랑스에 빼앗깁니다. 그리고 대프랑스 동맹은 붕괴합니다.

027 강력했던 나폴레옹

 강화조약을 맺은 지 2년이 지나자 프랑스에서 실권을 잡은 나폴레옹이 오스트리아로 다시 쳐들어옵니다. 이 싸움에서도 패한 오스트리아는 1801년 강화조약을 맺어 북이탈리아의 영토를 프랑스에 빼앗겼습니다.

 또한 1804년 프랑스 국민투표로 나폴레옹이 황제로 즉위했다는 소식이 전해지자 유럽 국가들은 충격을 받습니다. 이에 맞서 특히 오스트리아는 황제의 권위를 유지하기 위해 국가 체제를 개편하고 제국을 선포합니다. 나아가 영국, 러시아와 손잡고 제3차 대프랑스 동맹을 결성합니다.

 이베리아반도 앞바다 트라팔가르 해전에서 넬슨 제독이 이끄는

영국 해군이 프랑스 해군을 꺾었지만 육상 전투에서는 나폴레옹을 당해낼 수 없었습니다. 아우스터리츠(오늘날 체코) 전투에서는 러시아와 오스트리아의 연합군이 나폴레옹이 이끄는 군에 크게 패하고 맙니다.

028 마침내 멸망한 신성 로마 제국

1806년, 나폴레옹은 독일 서부에 있던 중소 영방을 끌어들여 '라인 동맹'을 만들었습니다. 동맹이라고 하지만 나폴레옹의 뜻대로 움직였습니다. 라인 동맹으로 인해 300여 개의 영방 국가로 구성되어 있던 신성 로마 제국은 분열되어 사실상 멸망했습니다.

혼란스러운 가운데 프로이센은 러시아와 동맹을 맺고 프랑스와 싸우지만 패합니다. 프로이센의 베를린은 프랑스군의 지배하에 놓이고, 1807년에는 배상금 지급과 영토 포기 등을 약속하는 조약을 맺습니다. 베를린을 차지한 나폴레옹은 대륙봉쇄령을 선포합니다. 영국 경제에 타격을 주기 위해 프로이센과 같은 프랑스에 종속된 유럽 국가에 영국 상품 수입을 금지하도록 명령합니다.

게다가 나폴레옹은 유럽의 대부분 나라에서 전쟁을 계속했습니다. 스페인이 프랑스와 전쟁을 시작한 것을 틈타 오스트리아는 프랑스에 선전포고합니다. 그러나 오스트리아는 패배하였고 프로이센과 마찬가지로, 프랑스에 배상금을 지급하고 영토를 잃었습니다.

029 프로이센의 국가 개혁

나폴레옹에게 참패한 프로이센은 이를 반성하며 국가 개혁을 시작합니다. 국왕에 의한 전제 정치를 변경하여 정치 체제를 전환합니다. 도시에서는 시민들이 자유롭게 장사할 수 있는 권리를 인정받습니다. 농촌에서는 노예처럼 혹사당하던 농민들이 이동의 자유를 보장받습니다. 단 융커의 지배는 유지됐습니다.

군사 체제 개혁도 이루어져 기존의 귀족을 지휘관으로 하는 용병 군대 대신 징병된 시민 국민군이 편성됐습니다. 하지만 프로이센의 개혁은 시작된 지 10년 만에, 지도자 하르덴베르크가 사망하고 슈타인이 망명하면서 실패로 끝납니다. 나폴레옹과의 전쟁이 한창일 때도 토지 소유권과 신분제도를 통해 기득권을 유지하던

보수세력의 반대도 있어 성과를 거두지 못했습니다.

프랑스의 지배하에 놓이게 된 지역에서는 프랑스식 개혁이 진행됐습니다. 법 앞에서의 평등 정신으로 영주나 농노 등의 신분제가 폐지되며 통치 시스템이 변경되어 갑니다. 나폴레옹 전쟁 이후의 독일 경제는 프랑스 지배하에 있던 서부에서 발전해 갑니다. 입헌군주제(헌법에 따라 군주의 권력이 제한되는 군주제)가 도입되면서 헌법을 제정하는 영방도 나타났습니다. 또한 나폴레옹에 의한 지배나 프랑스 혁명은 독일 전역에 영향을 미치게 됩니다. 이러한 가운데 독일인 사이의 국민 의식도 형성됩니다. 철학자 피히테는 〈독일 국민에게 고함〉이라는 강연을 통해 교육개혁을 호소했습니다. 그리고 1810년에는 베를린 대학이 설립됩니다.

030 나폴레옹을 추방시킨 연합군

 나폴레옹을 타도할 기회는 갑자기 찾아옵니다. 1812년, 나폴레옹은 대륙봉쇄령에 협력하지 않는 러시아로 원정을 갑니다. 이 원정에는 오스트리아와 프로이센도 협력하죠. 그러나 나폴레옹의 프랑스군은 러시아군의 필사적인 저항에 부딪힌 데다가 엄청난 한파로 뼈아픈 타격을 입고 철수합니다.

 철수 후 프로이센군은 프랑스군에서 이탈하여 다시 프랑스와 싸웁니다. 여기에 오스트리아도 가세하고 다른 영방들도 동조합니다. 그리고 1813년 라이프치히 전투에서 마침내 연합군은 나폴레옹으로부터 역사적인 승리를 거두었습니다. 이듬해 연합군은 파리에 입성해 나폴레옹을 엘바섬으로 추방합니다.

나폴레옹이 떠난 유럽에서는 재건을 도모하는 빈 회의가 열렸습니다. 그 중심인물이 된 것은 오스트리아의 외무 장관 메테르니히입니다. 메테르니히는 각국 대표들을 빈으로 모아 이제 어떻게 할 것인가에 대해 의견을 구했습니다. 그런데 회의 후에는 연일 무도회가 열리고 '회의는 춤추지만 진전은 없는' 상태가 되며 결론이 나지 않았습니다.

그러던 중 나폴레옹이 엘바섬에서 탈출했다는 정보가 들어옵니다. 모두가 큰일이라고 생각해 논의는 순식간에 마무리되고 '빈 의정서'에 조인합니다. 한 달 뒤 워털루 전투로 뭉친 영국·네덜란드 연합군과 프로이센군은 마침내 나폴레옹을 물리칩니다. 나폴레옹은 탈출 불가능한 대서양의 외딴섬 세인트헬레나로 유배되어 그곳에서 생을 마감합니다. 20년씩이나 맹위를 떨친 나폴레옹이라는 폭풍은 신성 로마 제국을 무너뜨리고 마침내 사라졌습니다.

031 신성 로마 제국의 사망 진단서

 신성 로마 제국은 도대체 어떤 존재였을까요? 먼저, 유럽 사람들에게 고대 로마 제국은 번영했던 이상적인 국가 모델이었습니다. 그 정신을 계승한 동로마 제국도 존경의 대상이었죠. 그런데 14~15세기 여러 유력 제후인 영주가 등장할 무렵에는 국가의 이미지가 달라졌습니다. 영주들은 황제의 권위는 인정하면서 동시에 끌어내리려는 야심을 가지고 있었습니다.

 30년 전쟁을 끝낸 베스트팔렌 조약은 '신성 로마 제국의 사망 진단서'라고 불립니다. 황제의 권위가 의미를 상실했다고는 하지만 그 후에도 100년 이상 신성 로마 제국은 계속됩니다. '로마'의 이름은 그만한 가치가 있었습니다. 나폴레옹이 사라진 후, 유럽 질서가 재편되면서 독일인을 자각하는 사람들에 의해 새로운 국가가 건설됩니다.

칼럼 독일의 두 가문

호엔촐레른 가문과 하노버 가문

신성 로마 제국 시대부터 현대에 이르기까지, 독일사에 큰 영향을 끼친 두 가문을 소개합니다. 먼저 호엔촐레른 가문은 15세기에 독일 동부의 브란덴부르크 선제후의 지위를 얻었고, 16세기에 신성 로마 제국 황제의 인정을 받아 프로이센 공국의 지위를 얻습니다. 프로이센은 1871년 프로이센-프랑스 전쟁에서 승리하여, 프로이센 국왕 빌헬름 1세가 독일 제국의 초대 황제로 즉위하면서 독일 제국이 성립됩니다.

그러나 이후 본문에서 소개하는 것처럼, 독일 제국의 팽창주의적 정책이 제1차 세계대전으로 이어졌고, 전쟁 패배로 인해 제국은 소멸합니다. 프로이센 왕국은 해체되고 호엔촐레른 가문의 독일 지배는 끝을 맞이합니다. 가문은 지금까지도 계속되고 있지만 더 이상 정치에는 관여하고 있지 않습니다. 가문의 발상지인 독일 남부 슈바벤에는 호엔촐레른성이 지금도 관광 명소로서 장엄한 모습을 간직하고 있습니다.

한편, 하노버 가문은 오늘날 독일 북서부 니더작센주의 하노버 지역을 중심으로 영토를 지배했던 신성 로마 제국의 선제후 가문입니다. 1714년 영국 여왕이 사망하자, 영국 왕실의 혈연이었던 하노버 선제후 게오르크 루트비히가 조지 1세로 영국 왕위에 오르며,

독일 제국의 황제

빌헬름 1세
(1797~1888/ 재임 1871~1888)

빌헬름 2세
(1859~1941/ 재임 1888~1918)

하노버 가문이 영국과 하노버 양쪽을 통치합니다.

조지 1세로 시작하는 이 왕조는 하노버 왕조로 불리며, 현재 영국 왕실인 윈저 왕조로 이어지고 있습니다. 하노버 가문은 19세기에 들어와 하노버 왕국을 세웠으나, 프로이센에 병합되면서 왕국의 지위를 잃게 됩니다. 하노버 가문의 혈맥은 지금도 왕족의 후예로 이어져 내려오고 있습니다.

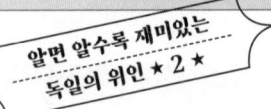

운명에 맞선 불굴의 음악가, 베토벤

인간의 의지를 음악으로 표현하다

베토벤은 술꾼인 아버지로부터 강제로 음악 교육을 받고 어려운 가계를 떠맡아 13살에 궁정 음악가로서 활동합니다. 그 후 고향 본을 떠나 빈으로 가서 하이든 등을 스승으로 섬기며 실력을 키웠습니다.

자유와 평등을 내건 프랑스 혁명에 강하게 공감하고 봉건 지배에서 근대 국가로 격동하는 유럽 사회 속에서 베토벤은 음악으로 자신의 사상을 표현해 나갑니다. 민중의 자유를 가로막는 뿌리 깊은 귀족의 지배와 20대 때부터 조금씩 들리지 않게 된 청력 문제로 고뇌하면서도 스스로를 고무시키듯 음악에 임했습니다.

19세기 초에는 〈영웅〉, 〈운명〉, 〈전원〉 등 지금까지 남아 있는 수많은 명곡을 만들어 냅니다. 귀족의 오락이었던 기존의 음악 틀에 얽매이지 않고 많은 사람의 마음을 울리는 작품을 남겼습니다. 불굴의 음악가 베토벤은 노쇠와 병환으로 56세의 나이로 세상을 떠났습니다.

Chapter 3

어지러운 독일 연방

032 유럽의 새로운 질서, 빈 의정서

'빈 의정서'의 기본 원칙은 정통주의와 세력균형이었습니다. 정통주의는 프랑스 탈레랑이 주장한 것으로, 유럽을 프랑스 혁명 이전의 상태로 되돌리자는 방침입니다. 세력균형은 다소 삐걱거리면서도 어떻게든 국가 간의 힘의 균형을 유지해 나가자는 방침입니다. 당시에는 뛰어난 군사력을 가진 국가가 존재하지 않았으므로 쉽게 받아들여졌습니다.

이렇게 만들어진 유럽 사회의 새로운 틀을 '빈 체제'라고 합니다. 이 상태를 유지하기 위해 오스트리아, 프로이센, 러시아, 영국은 4국 동맹을 맺었습니다. 1818년에 프랑스가 가입하여 5국 동맹이 되고, 1822년에 영국이 빠져서 다시 4국 동맹이 됩니다.

빈 회의에서 러시아 황제 알렉산드르 1세는 기독교 정신을 바탕으로 유럽의 평화 유지를 목표로 하는 '신성 동맹안'을 내놓습니다. 기독교라는 공통 종교가 있는 유럽에서 평화를 유지하기 위해 이 안에 이의를 제기하는 나라는 없었습니다. 그런데 영국은 방침만 강조하고 실체가 없다고 생각하여 이 동맹에 참여하지 않았습니다. 로마의 교황도 동맹하지 않는다고 선언하고 서류에 사인을 거부했습니다.

033 새롭게 탄생한 '독일 연방'

빈 의정서에 따라 프랑스와 스페인에서 전복되었던 왕정이 부활했습니다. 그러나 신성 로마 제국은 부활하지 못했습니다. 나폴레옹에게 점령당한 탓에 영방이 없어져 원래대로 되돌리는 것이 현실적으로 불가능했기 때문입니다. 그래서 1815년, 새롭게 '독일 연방'이 만들어졌습니다.

독일 연방은 총 39개의 국가로 구성되었고, 이 중 4개는 군주는 없지만 자치권을 가진 자유시였습니다. 35개의 군주국에는 오스트리아 제국 외에도 프로이센, 작센, 하노버, 바이에른, 뷔르템베르크의 다섯 왕국이 있었습니다. 또한 그 외에 대공국, 공국, 후국과 같은 소규모 군주국도 포함되어 있었습니다. 자유시는 함부르크, 뤼베크, 브레멘, 프랑크푸르트입니다.

신성 로마 제국에서는 형식적이라고는 하지만 황제가 선출된 오스트리아가 가장 지위가 높다고 알려져 있었습니다. 독일 연방에서도 연방의회의 의장국은 오스트리아였습니다. 연방의회에서는 독일 전체의 안전보장 등과 관련된 문제가 논의됐고, 인구와 영향력에 따라 1~4표의 의결권이 있었습니다. 관세나 군대 등은 각자 결정할 수 있었습니다. 이 '독일 연방'은 느슨한 연합체로, 통일 국가라기보다는 '독일 연합', '독일 동맹' 같은 시각으로 보는 이들도 있었습니다.

빈 의정서에 따라 독일 연방의 영토도 결정됐습니다. 먼저 나폴레옹이 점령하고 있던 라인강까지의 지역이 반환됐습니다. 오스트

빈 회의 후의 유럽

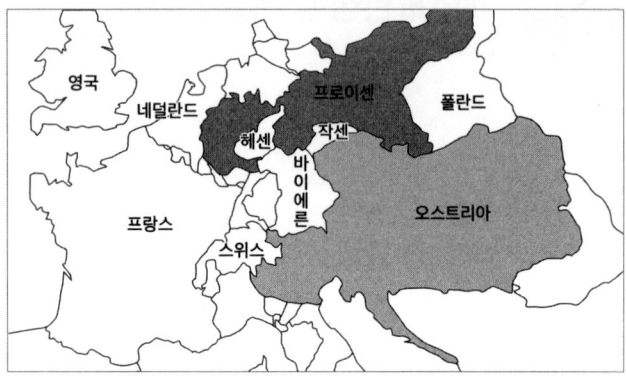

리아는 벨기에(남부 네덜란드) 지역을 네덜란드에 양도하는 대신 북이탈리아의 롬바르디아와 베네치아를 획득했습니다. 연방 내에서도 프로이센은 공업 중심지였던 라인란트와 서포메른 등을 획득했습니다. 이렇게 해서 오스트리아와 프로이센이 독일 연방 내에서 큰 힘을 갖게 됐습니다.

034 자유주의를 외쳤던 학생들

나폴레옹이 사라진 후, 독일에서는 언론이나 신앙의 자유 등을 요구하는 운동이 확산됩니다. 이 운동을 주도한 것은 바로 학생들이 결성한 단체인 '부르센샤프트'였습니다. 이러한 가운데 루터가 종교개혁을 제창한 지 300년째인 1817년, 기념제전이 열립니다. 바로 여기서 사건이 발생합니다. 자유주의 운동을 이끌었던 학생들은 자유주의를 비판하는 책을 불에 던져 넣는 촌극을 연기한 것입니다.

당시 정권을 쥐고 있던 오스트리아의 재상 메테르니히는 충격을 받습니다. 독일 연방 내 여러 나라에서 입헌군주제를 시작하려는 움직임이 나타났기에 메테르니히는 프로이센과 협력하여 학생운동과 입헌군주제를 향한 움직임을 억제하려 합니다. 운동이 거세지자 1819년에는 본격적으로 탄압하기 시작했습니다.

연방의 중심인 오스트리아는 자유주의를 허용하지 않았습니다. 체코인과 헝가리인 등이 함께 살고 있던 다민족 국가 오스트리아에서 언론 및 신앙의 자유를 인정하면 나라가 분열되어 붕괴할 것으로 생각했기 때문이죠. 이렇게 오스트리아와 프로이센이 실질적으로 지배하는 독일 연방에서는 자유주의를 실현하는 것이 불가능한 상태였습니다.

메테르니히는 연방 내 주요 국가 대표들을 모아 결사를 금지하고 검열을 강화하며 자유주의 사상을 단속하는 연방 법률을 제정했습니다. 나아가 1820년에는 군주제 국가임을 법률로 명시합니다. 이로써 입헌군주제의 길은 막힙니다.

10년 후, 프랑스에서는 7월 혁명이 일어나 절대왕정이 붕괴하고 입헌군주정이 시작됩니다. 또한 벨기에가 네덜란드로부터 독립합니다. 그 충격은 독일에도 미쳤고 독일 북부의 작센과 하노버 등이 입헌군주제를 채택했습니다. 서남부에서도 언론의 자유를 요구하는 학자가 나타나고, 자유와 통일을 외치는 급진파도 등장했습니다. 위기감을 느낀 메테르니히는 이러한 움직임을 계속해서 탄압했습니다.

035 독일에서 감자가 유명한 이유

30년 전쟁으로 일시적으로 줄어든 독일의 인구는 18세기 후반에 이르러 회복되어 갔습니다. 또한 영국에서 시작된 산업혁명이 점차 영향을 미치기 시작했습니다.

인구가 늘어나면 가장 먼저 문제가 되는 것은 식량 확보입니다. 당시 유럽에서는 척박한 땅에서도 잘 자라는 감자 생산량이 늘고 있었습니다. 독일에서도 감자가 생산되어 국민 음식이 됐죠. 다음으로 문제가 되는 것은 일자리 확보입니다. 도시 상인들과 자본가들이 농촌으로 원자재를 들여와 농민들에게 실을 뽑는 방사 일을 시키며 가난했던 농민에게도 일자리가 주어졌습니다.

한편 다른 도시에서는 많은 노동자를 공장에 모아 분업으로 대량 생산하는 방법이 확산됐습니다. 특히 19세기 초 프로이센에서는 이러한 산업을 자유롭게 시작할 수 있는 영업의 자유가 보장됐습니다. 또한 기계화가 진행되면서 대규모 공장을 중심으로 하는 산업이 발달하며 독일 경제는 크게 발전하기 시작합니다.

036 경제 기반을 마련한 관세 동맹

경제가 발전하고 유통이 활발해지자 새로운 문제가 생겼습니다. 국내 관세와 통행세 부담입니다. 특히 프로이센은 자국의 관세는 폐지할 수 있었어도 연방 내 영토가 분산되어 있어 생산품을 운반하려면 여러 나라를 경유해야 했습니다. 그 과정에서 재정 부담이 컸죠. 또한 군수 산업이 발전하기 시작한 프로이센의 움직임을 연방과 다른 나라들이 경계하기 시작합니다.

이러한 상황 속에서 1828년부터, 프로이센과 헤센 사이에 북독일 관세 동맹이 맺어졌습니다. 같은 해 바이에른과 뷔르템베르크 사이에 남독일 관세 동맹이, 작센과 하노버 사이에 중부 독일 관세 동맹이 체결됐습니다. 그 후 연방 내 관세 동맹이 정리되어 독일 관세 동맹이 성립됐습니다. 그 결과 독일 통일의 경제적 기초가 이루어졌죠.

한편, 오스트리아는 어떠한 관세 동맹에도 가담하지 않았습니다. 오스트리아는 다른 나라에서 들어오는 물건에 높은 관세를 부과하여 수입을 얻고 있었고, 타국과 자국 물건값 모두 올라서 국내 소비가 부진했죠. 경제 발전은 뒤처졌고 프로이센과 오스트리아의 경제 격차는 계속 커져만 갔습니다.

037 독일 최초의 철도

큰 공장이 건설되고 중공업이 발전하면서 철도가 필요해졌습니다. 1835년 바이에른 지역의 뉘른베르크와 퓌르트 사이에 독일 최초의 철도가 개통되었습니다. 19세기 중반에는 노선의 총 길이가 4,300km로 미국, 영국에 이은 세계 3위의 철도 강국이 됐습니다.

처음에는 영국에서 만든 레일과 기관차를 수입하고 있었지만 자국에서 생산할 수 있게 되자 철강업이나 광산업이 더욱 발전합니다. 이와 관련된 유리와 목재의 생산 및 가공도 활발해졌죠.

철도는 독일 연방 내 여러 국가들을 실질적으로 연결했습니다. 정치적으로는 여전히 제각각이었지만, 경제 발전과 철도를 통해 '우리는 하나의 독일'이라는 의식이 점차 형성되어 갔습니다.

038 산업혁명의 그림자, 빈부 격차

산업혁명으로 독일 연방 국가들은 조금씩 경제 성장을 이루었지만 문제가 남아 있었습니다. 바로 빈부 격차입니다. 일부 사람들은 풍요로운 삶이 가능해졌지만 도시와 농촌 곳곳에는 아직 생활에 어려움을 겪는 사람이 있었습니다.

공장에서의 단순 반복 작업이 늘어나면서 여성이나 어린이가 값싼 임금으로 고용되고, 다른 나라에서 이주 노동자들이 유입되면서 임금 경쟁도 벌어졌습니다. 이러한 상황은 빈부 격차를 심화시켰고, 독일에서는 노동자 보호를 외치게 됐습니다.

노동자들이 현실을 비판하며 조직을 만들기 시작했고, 부의 재분배를 주장하는 사회주의 사상이 탄생했습니다. 칼 마르크스(자세한 내용은 138페이지 참조)는 이 무렵 저널리스트로 활동하며 후에 자본주의를 분석하는 《자본론》을 저술했습니다. 1845~1847년에 걸쳐 유럽 전체에서 대규모 식량 위기가 발생했고, 흉작으로 곡물과 감자 가격이 상승했습니다. 또한 산업도 정체되며 독일 국내 경기도 나빠졌습니다.

039 나라를 어떻게 할 것인가?

1848년 프랑스에서 노동자들이 보통선거를 요구하며 2월 혁명을 일으켰습니다. 독일에서도 불안한 분위기가 순식간에 확산됩니다. 바이에른 시민들이 의회 개설과 출판의 자유 등을 요구하는 청원서를 제출하면서 독일에서 3월 혁명이 시작됩니다. 농촌에서는 빈곤에 허덕이는 농민들이 일어나 폭동을 일으켰습니다. 연방의회는 황급히 개혁하겠다는 자세를 보였지만 오스트리아나 프로이센에서도 혼란은 확산되어 갔습니다.

오스트리아의 수도 빈에서는 시민들이 의사당 앞에 모여 시위가 격화되었습니다. 메테르니히는 재상을 사직하고 영국으로 망명했습니다. 왕실도 즉시 개혁을 약속했습니다. 한편, 혁명 측도 나

라를 어떻게 할 것인가에 대한 뚜렷한 정치 방침 없이 혼란에 빠졌습니다. 그런 데다가 오스트리아가 지배하고 있던 헝가리와 북이탈리아 국가들이 독립을 요구하는 사태가 벌어졌습니다.

프로이센의 수도 베를린도 상황은 마찬가지였습니다. 일각에서는 시민과 군대가 충돌했습니다. 프로이센 국왕은 혁명 초기에 개혁을 약속했지만 결국 약속을 어깁니다. 농촌에서는 이동의 자유가 인정되지 않았던 농민들의 해방 요구가 받아들여졌지만, 토지는 소유할 수 없었습니다.

연방을 이끌어 온 오스트리아와 프로이센 두 나라의 동요가 독일 전체로 전해지면서 기존 체제가 크게 전환됐습니다. 하지만 시민들 사이에서도 헌법에 근거한 정치인 입헌주의와 군주가 없는 공화정 사이의 대립이 계속됐습니다. 본격적인 독일 통일에 대한 의식이 높아졌습니다.

040 실패한 혁명

　혼란 속에서 독일 통일 국가를 건설하려는 움직임이 본격화되었습니다. 연방 각국의 의원들이 프랑크푸르트에 모여 국민의회를 열었습니다. 그러나 어떤 국가로 만들 것인가 하는 생각의 차이뿐만 아니라 여러 민족을 어떻게 통합해 나갈 것인가의 문제도 있어 쉽게 정치 체제를 결정하지 못했습니다. 오스트리아와 프로이센와 같은 보수세력은 현 체제를 유지하려고 했습니다.

　이에 대해 프랑크푸르트 국민의회는 독일 제국 헌법(프랑크푸르트 헌법)을 제정합니다. 이 헌법에서는 세습 황제를 둔 연방제가 채택되고, 보통선거를 통한 의회 구성을 명시했습니다. 국민의회는 프로이센 왕 프리드리히 빌헬름 4세에게 황제로 취임할 것을 요청했습니다.

　그런데 빌헬름 4세는 의회의 인정으로 황제가 되는 것을 싫어하여 거부합니다. 이로 인해 국민의회는 해산을 피할 수 없게 되죠. 그 후 일부 세력이 저항하지만 프로이센군에 의해 진압됐습니다.

　결국 독일의 3월 혁명은 실패로 끝납니다. 실패의 원인은 시민끼리 대립이 있었던 점과 혁명의 목적에 대해 많은 이들에게 널리 이해받지 못한 점이었습니다. 오스트리아와 같은 독일인의 지배하에 또 다른 민족이 있는 지역에서도 독립의 움직임이 있었으나 결국 모두 진압됐습니다.

041 독일 통일을 이끌 철혈재상 등장!

　혁명이 실패한 후 독일 연방의 재건이 이루어졌습니다. 프로이센은 새로운 헌법을 마련해 입헌군주제를 바탕으로 한 국가 체제를 모색했습니다. 그러나 출판물에 대한 검열이 강화되는 것을 알자 자유를 추구하는 세력이 반발했습니다. 오스트리아와 일부 연방 국가도 프로이센 중심의 헌법에 반대했습니다. 군사력을 강화하던 프로이센이 독일의 주도권을 쥘 것을 우려한 외국에서도 반대의 목소리가 높아졌습니다. 역풍이 불면서 프로이센은 계획을 일단 철회합니다.

　그 후 오스트리아의 상황이 악화되면서 판도가 바뀌기 시작합니다. 1853년 크림 전쟁에 참전한 오스트리아는 영토를 획득하지 못했을 뿐만 아니라, 1859년 이탈리아 통일 전쟁에서 영토 일부를 양도해야 했습니다. 이 사건으로 독일 연방 내에서는 '역시 오스트리아보다 프로이센을 중심으로 통일하는 것이 좋지 않느냐'는 목소리가 커졌습니다.

　이 무렵, 독일 통일을 이끌 인물이 등장했습니다. 바로 오토 폰 비스마르크입니다. 1861년 프로이센에서는 새로운 국왕 빌헬름 1세가 즉위했습니다. 당시 프로이센 의회에서는 젊은 자유주의 세력이 의석을 늘렸고 구주류파의 보수세력은 열세에 놓였습니다. 빌헬름 1세는 보수세력에 힘입어 국왕이 되었기 때문에 이러한 정치적 위기를 타개하기 위해, 파리 주재 대사였던 비스마르크를 불러들여 재상으로 임명합니다. 비스마르크는 국왕을 중심으로 한 군주제를 옹호하는 강경 보수파 정치인이었기 때문입니다.

비스마르크는 연설에서 "중요한 문제(통일)는 연설이나 다수결이 아니라 철과 피로 해결된다."라고 말합니다. 즉, 국가 통일을 위해 군사력을 사용하겠다고 선언한 것입니다. 이 연설 이후 비스마르크는 '철혈재상'이라고 불렸습니다.

기존 질서를 중시하고 변화를 경계하던 비스마르크라도, 독일의 통일은 불가피하다고 생각했습니다. 비스마르크는 먼저 오스트리아를 배제하고 프로이센을 중심으로 하여 통일 방안을 세웁니다. 그는 정치의 실권을 국민에게 넘기는 공화정은 생각하지 않았습니다.

042 프로이센이 중심이 된 통일 계획

　1864년, 비스마르크는 독일의 통일을 위해 행동에 나섭니다. 독일과 국경을 맞대고 있는 덴마크 남부에 슐레스비히홀슈타인이라는 지역이 있었습니다. 이곳에는 독일인이 85만 명, 덴마크인이 15만 명이 살고 있었습니다. 비스마르크는 이 지역이 독일에 속한다고 주장하며 오스트리아와 협력하여 덴마크와 전쟁을 벌였습니다.

　비스마르크는 이 전쟁에서 압승한 뒤, 오스트리아를 자극하지 않기 위해 슐레스비히홀슈타인을 오스트리아와 프로이센 두 나라에 의한 공동 관리 지역으로 정했습니다. 하지만 2년 후 이 지역의 지배를 둘러싸고 프로이센과 오스트리아는 대립했고 마침내 프로이센-오스트리아 전쟁이 일어납니다. 여기서도 프로이센은 쉽게 승리합니다.

　오스트리아를 물리치면서 마침내 비스마르크는 오스트리아를 배제하고 독일 통일을 구상합니다. 오스트리아의 영향 아래에 있던 나라를 점령하고 독일 연방을 해체했고, 바이에른을 포함한 반프로이센의 4개 나라를 제외한 뒤 북독일 연방을 결성했습니다. 바이에른은 친오스트리아였기에 무리하게 병합하는 것을 피했습니다.

　이로써 오스트리아는 새로 건설하는 독일의 구상에서 배제됩니다. 또한 의회의 자유주의 세력도 강권을 휘두르는 비스마르크를 보고 그를 따르게 됐습니다. 이제 남은 과제는 바이에른을 비롯한 남부 독일 국가를 어떻게 북독일 연방에 편입할 것인지였습니다.

043 프로이센과 프랑스의 전쟁

　독일의 통일 마무리는 여론을 수렴하는 것이었습니다. 이를 위해 비스마르크는 외부의 적인 프랑스를 전략적으로 이용했습니다. 기회는 생각보다 빨리 왔습니다.

　1870년 스페인에서 일어난 왕위 계승 문제에 반발하는 프랑스는 독일에 있던 대사를 독일 서부의 엠스라는 지역에 파견했습니다. 그리고 그곳에 머물고 있는 프로이센의 빌헬름 1세에게 스페인 왕위 계승 전쟁 문제에서 손 떼는 것에 동의해 달라고 한 것입니다. 그러나 빌헬름 1세는 회견 제의를 거절했습니다.

　이 소식이 베를린에 전해지자, 비스마르크는 프랑스 대사가 국왕에게 무례하게 굴었다고 발표합니다. 이로써 프로이센에서는 반프랑스 여론이 높아졌습니다. 동시에 프랑스에서도 원래 프로이센이 막강해지는 것을 경계하고 있었기에 반프로이센의 목소리가 높아졌습니다.

　프로이센과 프랑스는 곧 전쟁을 시작합니다. 스당 전투에서 승리한 프로이센군은 프랑스가 제안한 협상에 응하지 않고 양국의 국경에 접한 알자스-로렌 지역을 점령합니다. 프랑스의 나폴레옹 3세가 포로가 되고 프로이센은 파리를 공격해 점령합니다. 비스마르크는 프랑스가 배상금을 지급하고 알자스-로렌 지역을 할양한다는 내용의 가조약을 프랑스 정부와 체결합니다.

　승리의 흥분이 채 가시지 않은 채 1871년 1월 18일, 프로이센이 점령한 프랑스 베르사유 궁전에서 독일 제국의 성립이 선언됩

니다. 이 독일 제국에는 바이에른 등 북독일 연방에 가입하지 않은 나라도 참가했습니다. 비스마르크는 바이에른에 관해서는 신경 쓰는 기색을 보였고 일부 특별한 권리를 인정했습니다. 또한 바이에른 국왕 루트비히 2세에게 성을 건설하는데 필요한 자금을 주고 그 대가로 빌헬름 1세를 독일 황제로 추천하도록 했습니다. 마침내 독일은 통일됩니다. 그리고 프랑스는 독일에게 강한 불만을 품었습니다.

044 그런데 오스트리아는?

독일 제국에서 배제된 오스트리아는 어떻게 됐을까요? 프로이센과의 전쟁에서 패하면서도 어떻게든 나라를 존속시키기 위해 오스트리아가 취한 정책은 다른 민족을 포용하는 것이었습니다. 다민족 국가인 오스트리아는 지배자인 합스부르크 가문이 힘을 잃자 국가를 유지하기 위해 제2의 유력 민족인 헝가리인들의 협조가 필요했습니다. 그리하여 1867년 오스트리아-헝가리 이중제국이라는 새로운 체제가 성립됩니다.

제국 내에서는 헝가리 왕국의 존재가 인정되어 오스트리아 황제는 헝가리 국왕을 겸임했습니다. 이에 따라 헝가리인의 자치권이 확대되고 그때까지 인정되지 않았던 헝가리인 각료도 등장합니다. 하지만 국가로서는 석탄으로 대표되는 에너지원이 적은 점, 자본이 없고 국내 구매력 역시 낮은 점, 나아가 제조 기계 등을 독일 수입에 의지하고 있으나 생산품의 수출처는 독일뿐이었던 점 등에서 강대한 독일 제국에 종속되는 처지가 됐습니다.

오스트리아-헝가리 이중제국에는 체코인과 세르비아인도 있었습니다. 이들은 냉대를 받고 있었습니다. 그러던 중 1878년에는 세르비아가 오스만 제국으로부터 독립합니다. 나중에 이 세르비아에서 태어난 애국 청년이 오스트리아 황태자 부부를 사라예보에서 암살하며 대란의 방아쇠를 당기죠.

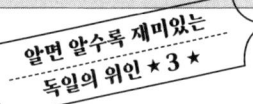

독일의 이름을 알린 문학의 거장, 괴테

인간의 감정을 아름다운 문장으로 쓰다

프랑크푸르트의 부유한 가정에서 태어난 괴테는 일찍부터 재능이 뛰어나 25세 때 발표한 소설 《젊은 베르테르의 슬픔》으로 문학 세계에 등장했습니다. 탁월한 관찰력과 표현력으로 인간 감정의 겉과 속을 능숙하게 포착한 이 소설은 당시 괴테의 연애 경험이나 친구의 자살 등에 착안하여 쓰여졌습니다.

이후 괴테는 바이마르 공국에 관료로 초빙됐고 정치에 몸담으면서 《빌헬름 마이스터의 수업시대》 등의 작품을 발표합니다. 20대부터 집필을 시작한 《파우스트》는 60년의 세월을 거쳐 쓰여졌습니다.

Chapter 4

근대 독일제국

045 프로이센이 중심이 된 정치

 성립된 독일 제국(정식 국명은 '독일국')은 22개의 군주국과 3개의 자유시로 이루어진 연방 국가였습니다. 영토와 인구의 약 3분의 2는 프로이센이 차지하고 있었습니다. 국가 체제도 프로이센을 중심으로 하고 있었습니다. 황제는 프로이센 왕이 대를 이어가고 황제에 의해 재상이 임명됐습니다. 이 재상도 프로이센의 수상이 선택됐죠.

 국민 선거로 의원을 뽑는 제국 의회와 각국의 대표가 모이는 연방 참의원에 의한 양원제가 채택됐습니다. 연방 참의원은 헌법 개정 및 행정에 있어서 큰 권한을 가졌습니다. 연방 참의원에서도 전체 58개의 의석 중 17개의 의석이 프로이센에 배분될 만큼 프로이센의 우위는 여전했습니다. 14표가 있으면 헌법 개정을 위한 의안을 거부할 수 있었기 때문에 프로이센에 불리한 헌법 개정은 할 수 없었습니다. 1석밖에 없는 나라도 있었죠. 이러한 상황 속에 재상 비스마르크가 정권을 맡았습니다. 비스마르크의 천성적인 재능이 활용된 것은 바로 외교입니다.

046 러시아와 잘 지낼 수 있을까?

독일을 통일한 비스마르크는 제국이 성립된 이후에는 다툼을 피하는 외교에 주력했습니다. 특히 독일에 대한 복수심을 품고 있던 프랑스에 대해서는 신중하게 대응했습니다. 비스마르크는 프랑스가 전쟁을 걸어올 수 없게 하기 위해 러시아와 협상을 했습니다. 만약 프랑스와 러시아가 동맹한다면 독일은 동서 국경에서 싸워야 했고 불리해지기 때문이죠.

1873년 독일은 오스트리아, 러시아와 삼제 동맹을 맺습니다. 4년 뒤 오스트리아와 러시아가 대립하자. 비스마르크는 베를린에서 회의를 열고 양국의 사이를 중재하려고 합니다. 비스마르크는 러시아보다는 오스트리아와의 동맹에 더 이익이 있다고 판단하여 1879년 오스트리아와 이중동맹을 맺습니다.

비스마르크 외교에 의한 각국 관계

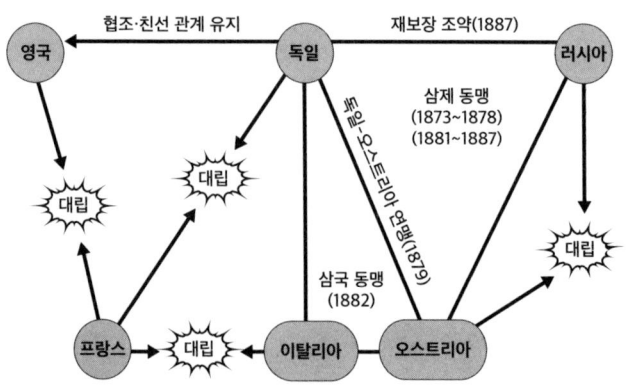

나아가 비스마르크는 당시 아프리카 식민지 문제로 프랑스와 대립하고 있던 이탈리아에도 동맹을 제안했고, 1882년 독일·오스트리아·이탈리아에 의한 삼국 동맹이 탄생합니다.

한편, 발칸반도에서 오스트리아와 대립한 러시아는 프랑스에 접근하려고 했습니다. 여기서 비스마르크는 러시아와의 관계가 완전히 틀어지는 것을 막기 위해, 1887년 독일과 러시아 사이에 재보장 조약을 맺습니다. 이 조약에 따라 만약 독일과 프랑스가 전쟁을 치르더라도 러시아는 중립을 유지하기로 약속했습니다.

047 가톨릭교회와 사회주의자

능숙한 외교를 펼친 비스마르크는 내정에서도 뛰어난 수완을 보여줍니다. 당시 의회에는 비스마르크에 반발하는 두 세력이 있었습니다. 하나는 가톨릭교회가 중심이 된 중앙당, 다른 하나는 사회주의자입니다.

가톨릭 세력은 바이에른 지방을 중심으로 형성되어 있었고, 가톨릭 세력을 압박하는 비스마르크 정권에 불만이 있었죠. 하지만 프로이센은 프로테스탄트(루터파)가 많으므로 섣불리 자극하면 나라를 가르는 종교 대립으로 번질 위험이 있었습니다.

당초 비스마르크는 성직자를 체포하며 힘으로 억제하려고 했지만 오히려 가톨릭교회 중앙당은 강하게 반발하며 단결했습니다. 또한 본래 아군인 프로테스탄트로부터도 비판의 소리가 나왔습니다. 결국 방침을 전환하며 가톨릭 세력과 타협하여 대립을 수습합니다.

가톨릭과의 대립이 일단락되자 비스마르크의 화살은 사회주의자를 향했습니다. 1875년 노동자의 권리를 주장하는 여러 정당이 합동하여 사회주의노동당이 등장합니다. 이에 비스마르크는 3년에 걸쳐 사회주의자 진압법을 제정합니다. 그리고 이 법으로 노동운동을 단속했죠.

비록 보수적이었던 비스마르크는 사회주의를 싫어했지만 노동자를 보호하는 것 자체는 필요하다고 생각했습니다. 노동자들이 국가로부터 보호받고 있음을 실감케 하여 사회주의로부터 멀어지게 하고 국가를 향한 충성심을 높이려 했습니다.

1880년대 비스마르크는 의료보험법, 재해보험법, 폐질·노령 보험법을 연달아 제정했습니다. 모두 노동자가 빈곤에 빠지는 것을 막기 위한 제도로, 지금의 사회보장제도의 선구라고 일컬어집니다. 이처럼 억압과 보호를 병행한 비스마르크의 정책은 '당근과 채찍'에 비유됩니다.

048 해임된 비스마르크

초대 독일 황제 빌헬름 1세가 91세의 나이로 죽자, 그 아들이 즉위하여 프리드리히 3세가 됐습니다. 그런데 불과 3개월 만에 병사해 프리드리히의 아들인 빌헬름 2세가 즉위합니다. 즉위 당시 29세의 나이로 젊었던 빌헬름 2세는 상당한 야심가로 체제 쇄신에 대한 열망이 있었습니다.

1889년 루르 지방에서 탄광의 파업이 일어났고 비스마르크의 영향력은 악화됩니다. 새로운 황제 빌헬름 2세는 노동자들의 상황에 이해를 표했고 노동자들의 마음은 비스마르크에서 멀어져 갔습니다. 현상 유지를 목표로 하는 비스마르크와 적극적인 정책을 추진하고 싶은 빌헬름 2세의 의견은 맞지 않았습니다. 그리고 1890년, 비스마르크는 마침내 해임됩니다.

통일된 지 20년이 지나면서 독일은 크게 바뀌었습니다. 20년간 인구가 800만 명 이상 늘었고 다음 해 1,600만 명 가까이 늘었습니다. 제1차 세계대전이 시작되기 직전 독일의 총인구는 약 6,700만으로 국민의 과반수는 30세 이하였습니다. 노련한 비스마르크라 할지라도 억제할 수 없는 젊은이들의 나라가 되어 있었던 것입니다. 그 배경에는 산업 발전이 있었습니다.

당시 독일 산업에서 주목받은 것은 과거의 철강·석탄뿐만 아니라 전기·화학 부문입니다. 독일은 최첨단 공업의 기술 수출국으로서 세계 시장을 지배하고 있었습니다. 그때까지는 해외를 중시하지 않았지만 20세기에 이르러서는 영국에 이어 세계 제2위의 해운 국가로 성장해 나갑니다.

또한 독일은 농업국에서 공업국으로 변모했습니다. 그렇다고 해서 농업이 뒤처진 것은 아니었으며 기계화가 진행되어 화학비료도 보급됩니다. 게다가 영국이 독점하고 있던 은행업, 금융업에도 진출해 세계 경제의 핵심을 담당하게 됩니다. 그리고 폴란드인을 비롯한 이민자들을 받아들이면서 루르 지방과 같은 대공업 지대가 생겨났습니다.

049 빌헬름 2세는 훌륭한 군주일까?

비스마르크를 해임한 빌헬름 2세는 러시아와 맺었던 재보장 조약을 파기했습니다. 이를 계기로 프랑스와 러시아가 독일에 접근해 옵니다. 유럽의 현상 유지를 목표로 한 비스마르크와 달리 빌헬름 2세는 영토 확장을 노렸습니다.

그러자 바다로 나갈 필요가 있었고 황제의 지시 아래 해군이 증강됩니다. 빌헬름 2세의 정책은 '신항로 정책'이라고 합니다. 이 정책의 특징은 대외 정책과 통상·관세 정책이었습니다. 우선 러시아와의 관계를 끊고 영국과 잘 지내고자 했습니다. 당시 전 세계에 광대한 영토를 가지고 있던 대영제국의 시장에 침투하려는 목적이었습니다. 또한 영국 이외의 나라에도 공업 제품의 관세를 인하해 주면 농업 제품의 수입 관세를 낮추겠다고 양보했습니다.

그 밖에도 빌헬름 2세는 일요일 노동 금지, 아동과 여성에 대한 노동 시간 제한, 노사 갈등 조정 기관 설치, 식료품과 같은 생활필수품 가격 안정, 비독일계 민족에 대한 차별 철폐 등을 실행했습니다.

사회주의를 경계하던 보수층과 기존의 기득권 세력은 노동자를 보호하는 정책을 내놓는 빌헬름 2세에게 점점 불만이 커졌습니다. 또한 빌헬름 2세가 무역 확대를 위해 영국에 유화적인 태도를 보이자, 식민지 확대를 주장하던 세력 역시 불만을 가집니다. 이들을 중심으로 독일에서는 국가에 대한 충성과 배타적인 사상이 확산됩니다. 빌헬름 2세에 대한 비판 여론은 커졌고, 그의 정치적 구상은 의회에서도 지지를 얻지 못하여 지도력에 의문이 제기되었습니다.

이 무렵 유럽 열강들은 제국주의를 바탕으로 자국의 이익이나 세력을 확대하기 위해 국경 밖까지 지배권을 넓히려는 움직임이 본격화되고 있었습니다. 빌헬름 2세에게도 그에 걸맞는 상징적 리더십이 요구되었습니다.

한편, 농민이나 기업 경영자 중에서는 독립적으로 이익을 추구하기 위해 단체를 조직하려는 움직임도 나타났습니다. 어쨌든 20세기 독일이 나아갈 길에 중요한 영향을 미친 인물 중 하나가 빌헬름 2세였습니다. 그의 책임이 어디까지인지는 지금도 논의되고 있습니다.

050 해군력 확장과 대외 진출

1897년 해군 장관에 임명된 알프레트 폰 티르피츠는 해군의 확장 계획을 구체화해 나갔습니다. 독일은 해군력을 정비한 뒤 아프리카, 태평양, 동아시아에도 적극적으로 진출하기 시작합니다.

1896년, 아프리카 대륙의 트란스발 공화국에서는 영국군이 침입하려고 시도했으나 격퇴당하는 사건이 있었습니다. 이에 빌헬름 2세는 무슨 생각을 했는지 트란스발 공화국에 축하한다는 전보를 보냅니다. 때문에 당시 우호 관계에 있던 영국과의 사이에 긴장이 고조됐죠.

또한 빌헬름 2세는 1898년 미국-스페인 전쟁에서 미국에 패한 스페인으로부터 태평양의 여러 섬을 매입하여, 태평양에서 영향력을 확대했습니다. 1900년에는 청나라에서 외세에 반발한 '의화단 사건'이 일어납니다. 이때 독일은 일본, 미국, 영국, 프랑스 등과 함께 진압에 참여하고, 산둥반도의 자오저우만을 조차지로 확보하고 통치했습니다.

051   역시 영국과 프랑스는 적!

독일은 해외 진출은 확대하며 중동으로의 영향력 확장을 계획했습니다. 빌헬름 2세는 베를린, 비잔티움(오스만 제국의 수도 이스탄불의 옛 이름), 바그다드(오스만 제국 지배하의 대도시)를 철도로 잇는 '3B 정책'을 실행에 옮겼습니다. 이것이 영국을 자극하죠.

당시 영국도 이집트의 카이로, 남아프리카의 케이프타운, 인도의 콜카타를 거점으로 하는 '3C 정책'을 추진하고 있었고, 특히 카이로와 케이프타운을 연결하는 철도 건설을 진행하고 있었습니다. 독일령 동아프리카는 이 철도 건설의 장애물이었습니다.

1904년 영불 협상이 성사되자 프랑스뿐만 아니라 영국과의 갈등이 현실화됐고 독일의 외교는 큰 타격을 입었습니다. 빌헬름 2세는 프랑스가 영국과 손을 잡는다면 러시아와 프랑스를 떼어놓으면 된다고 생각했고, 다시 러시아에 접근합니다. 그런데 당시 러시아는 부동항을 얻기 위해 발칸반도를 겨냥하여 남하 정책을 추진하고 있었습니다. 독일도 발칸반도 진출을 노렸기 때문에 타협이 되지 않았고, 또 러시아가 금융 면에서 프랑스와 유대를 돈독히 하고 있었기 때문에 협상은 실패로 끝났습니다.

1905년 아프리카 대륙의 모로코 영토를 두고 영국·프랑스·스페인 사이에서 긴장이 고조된 상황에서 빌헬름 2세가 갑자기 모로코에 방문합니다. 그의 갑작스러운 등장에 여러 나라의 긴장이 고조됩니다. 빌헬름 2세는 프랑스를 견제하기 위해 이 사안을 국제회의에서 다뤄야 한다고 주장하죠. 그러나 이듬해 회의에서 다른 나라가 프랑스를 지지하면서 이 외교도 실패로 끝납니다.

그럼에도 불구하고 빌헬름 2세는 물러서지 않았습니다. 1911년 모로코에서 원주민이 반란을 일으켜 프랑스가 파병했을 때 프랑스의 권익이 확대되는 것을 방해하기 위해 군함을 파견합니다. 이로써 다시 긴장감은 고조됩니다. 이때 독일은 프랑스와 협정을 맺어 프랑스령 콩고의 일부를 획득합니다. 다음 해에 모로코는 프랑스가 가져가죠.

이후 독일 식민지인 동아프리카와 남서아프리카에서는 식민 지배에 반대하는 원주민들이 반란을 일으켰고, 빌헬름 2세는 이들을 엄격하게 탄압했습니다. 하지만 이 행위에 대해 프랑스와 영국뿐만 아니라 국제사회로부터 비난을 받음으로써 빌헬름 2세는 식민지 지배의 책임자를 민간인으로 하는 등의 방법을 씁니다. 마지못해 그는 군사력으로 식민지를 더 늘리는 것이 아니라 무역을 우선시하여 이익을 내는 방침을 택합니다. 열강 간의 마찰은 계속 커져만 갔습니다.

052 붕괴된 삼국 동맹

앞서 언급한 발칸반도의 정세를 살펴보겠습니다. 발칸반도로 남하 정책을 추진하던 러시아는 1907년 장애물이었던 독일에 대응하기 위해 영국과 영러 협상을 맺습니다. 영국과 러시아는 중앙아시아와 이란에서 대립하고 있었는데 이를 뒤로 미루고서라도 독일의 영향력이 확대되는 것을 막으려고 했습니다. 영국·프랑스·러시아 세 나라의 삼국 협상이 성립되면서 독일·오스트리아·이탈리아의 삼국 동맹은 포위되고 맙니다.

그런데 이 무렵에 이미 삼국 동맹은 실질적으로 기능을 잃고 있었습니다. 오스트리아와 국경을 둘러싸고 갈등을 빚던 이탈리아가 프랑스에 접근하고 있었던 것입니다. 프랑스와 이탈리아가 협정을

독일을 포위한 삼국 협상

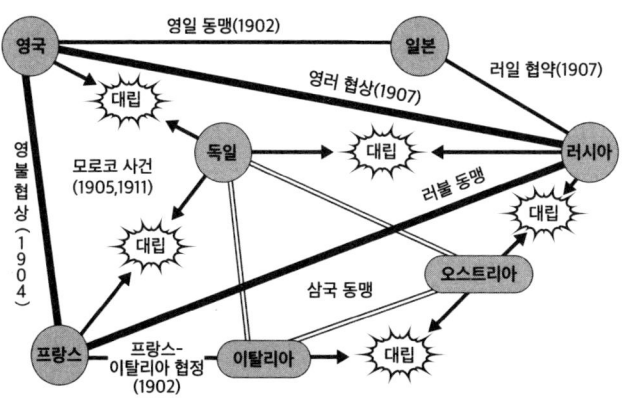

맺은 1902년 시점에 사실상 삼국 동맹은 사실상 유명무실해졌다고 할 수 있습니다.

발칸반도에서는 오스만 제국의 지배력이 약해졌습니다. 슬라브계 민족이 독립을 주장하고 있었고, 세르비아뿐만 아니라 몬테네그로와 루마니아도 오스만 제국으로부터 독립을 이뤘습니다. 불가리아도 자치국 지위를 인정받았습니다. 세르비아는 러시아를 배후에 두고 추가 영토 확대를 노리고 있었습니다.

오스만 제국은 1878년 러시아와의 전쟁에서 패한 후 '유럽의 환자'라고도 불리는 상태가 되었고 1908년 혁명 이후 정권이 교체됐습니다. 이러한 혼란을 틈타 오스트리아가 보스니아 헤르체고비나를 획득합니다. 이것이 슬라브계 민족에 의한 국가 통일을 목표로 했던 세르비아인에게는 혼란스러운 틈에 오스트리아가 부정한 이익을 취한 도둑처럼 보였을 것입니다. 발칸반도는 여러 민족과 유럽 열강의 이해관계가 얽혀 있었고, '유럽의 화약고'로 불렸습니다.

053 결국 폭발하고 만 유럽의 화약고

　1912년 세르비아, 몬테네그로, 그리스, 불가리아는 오스만 제국에 대항하기 위해 발칸 동맹을 결성합니다. 그 직후, 발칸 동맹과 오스만 제국 사이의 제1차 발칸전쟁이 발발했습니다.

　패배한 오스만 제국은 이스탄불과 그 주변국을 제외한 유럽 쪽 영토를 모두 잃게 됩니다. 여기에 이듬해 오스만 제국으로부터 쟁취한 마케도니아 지역의 지배를 둘러싸고 세르비아, 몬테네그로, 그리스와 불가리아가 대립해 다시 제2차 발칸전쟁이 일어났습니다. 후에 루마니아와 터키도 개입하여 사태는 확산됩니다. 불가리아는 이 싸움에서 패하고 영토가 축소됩니다. 두 번의 전쟁을 거쳐 세르비아인에 대한 불만을 가진 불가리아와 오스만 제국은 독일과 오스트리아에 접근합니다.

그리고 운명의 1914년 6월 28일, 유럽의 화약고가 마침내 폭발했습니다. 군사 훈련을 시찰하기 위해 보스니아주를 방문한 오스트리아 왕세자 프란츠 페르디난트 부부가 사라예보에서 세르비아 출신 청년에게 암살되는 사건이 벌어집니다. 화가 난 오스트리아 정부는 세르비아 정부에 오스트리아에 반발하는 조직과 출판 금지, 군 관계자와 정부 직원 해고 등을 요구했습니다. 하지만 세르비아의 답변에 오스트리아가 만족하지 않으면서 두 나라 사이에는 마침내 전쟁이 시작됩니다.

054 전쟁 분위기로 휩싸인 독일

사라예보 암살 사건 후 약 25일 동안 각국은 오스트리아와 세르비아가 협상을 통해 문제를 해결하기를 기대했습니다. 독일 국민조차 독일이 전쟁에 관여하게 될 것이라고는 생각하지 않았습니다. 그러나 결국 오스트리아와 세르비아의 전쟁이 시작됩니다.

당시 독일은 국내외 모두 폐색 상황에 있었습니다. 삼국 협상에 둘러싸인 상황을 타개할 길이 없었고 국내에서는 보수세력부터 노동자까지 자신의 이익을 주장했기 때문에 개혁도 진행되지 않았습니다. 모든 국민이 사태를 타개할 계기를 찾는 상태였다고 할 수 있습니다.

빌헬름 2세는 프랑스와의 오랜 대립, 영국과의 식민지 갈등, 발칸반도에서 러시아와의 긴장 상황으로 인해 이제는 전쟁이 불가피하다고 생각했습니다. 러시아가 세르비아를 돕기 위해 동원령을 내리자, 빌헬름 2세도 곧바로 동원령을 내렸습니다.

동원령이 선포되자 그때까지 전쟁을 반대하고 평화를 외치던 독일 사회민주당(SPD, 이하 사회민주당)이 '방위 전쟁'이라며 전쟁을 찬성하는 쪽으로 돌아섰습니다. 그 결과 독일 내에서 전쟁에 반대하는 세력은 거의 사라졌습니다. 준비가 됐다고 판단한 빌헬름 2세는 "독일에는 이제 당파는 없다. 독일 국민만이 있다."는 연설로 화답합니다. 독일은 전쟁 분위기로 달아올랐습니다.

055 주위는 모두 적이다!

독일에서는 동쪽의 러시아와 서쪽의 프랑스를 동시에 상대하기 위한 작전이 추진됐습니다. 러시아군의 집결이 지연될 것이라고 예상하면서 동쪽에서 다소의 희생이 있어도 서쪽을 먼저 제압하기로 합니다. 다만 프랑스가 국경 중앙에 공고한 방위 라인을 구축하고 있었기 때문에, 빌헬름 2세는 먼저 중립국 벨기에를 공격하고 프랑스로 군대를 이끌고 갑니다.

그런데 벨기에를 침략한 것에 분노한 영국이 참전합니다. 9월, 프랑스 북동부 마른에서의 전투 후 독일의 진격은 중단됐습니다. 도버 해협에서 스위스까지 긴 참호가 생겼고 서부에서는 일진일퇴의 공방이 계속됐습니다.

한편 동부에서는 독일군은 예상보다 빨리 진격해 온 러시아군을 타넨베르크 전투에서 물리치고 러시아 영내로 진격해 갑니다. 하지만 광활한 국토와 혹독한 겨울 추위에 독일군은 고전합니다. 또한 발칸반도에서는 다민족으로 구성되어 있던 오스트리아군의 사기가 낮아 일찌감치 전투 능력을 잃어갑니다. 독일군은 오스트리아군 대신 발칸반도에도 진출하지만 전선이 넓어지는 바람에 힘겨운 싸움을 벌였습니다.

1915년이 되자 중립이었던 이탈리아가 오스트리아와 대립하면서 프랑스 측으로 참전합니다. 새로운 이탈리아 전선이 생긴 것이죠. 오스만 제국과 불가리아는 러시아에 대한 반감으로 독일 측으로 참전했고, 이로써 발칸반도와 중동으로도 전선이 확대되었습니다. 물론 독일 식민지가 있던 아프리카에서도 전투가 발생했으며, 독일은 전 세계에서 싸우게 된 것입니다.

　모든 곳에서 이기기는 어렵다고 생각한 독일은 프랑스를 집중적으로 공격하지만 프랑스군의 필사적인 저항으로 작전은 실패로 끝납니다. 이윽고 독일군은 보급 부족, 병력 손실, 질병 확산 등으로 점점 더 어려운 상황에 놓이게 됩니다.

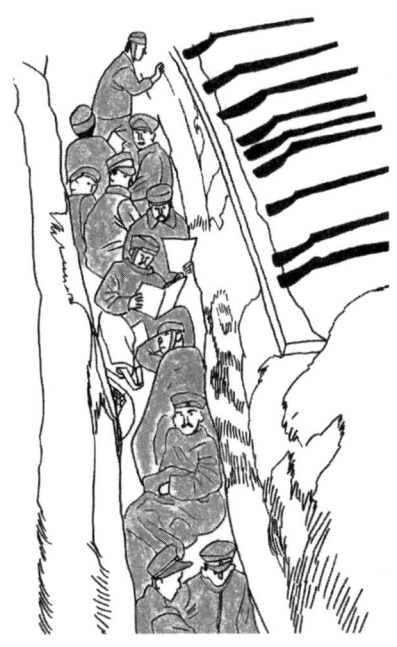

056 미국이 나타났다, 어쩌지?

1915년 독일은 영국의 대서양 해상 봉쇄를 타파하기 위해 민간 선박까지 공격 대상으로 삼는 잠수함 작전을 실행합니다. 이때 독일 잠수함이 영국 여객선 루시타니아호를 격침해 미국인 승객이 사망하는 사건이 일어났습니다. 독일은 미국의 항의에 잠수함 작전을 일시 중단합니다. 그러나 1917년까지 전쟁은 교착 상태를 이어 갔고, 독일은 중단했던 작전을 '무제한 잠수함 작전'으로 재개하는데 이로 인해 미국이 참전하게 됩니다.

그리고 같은 해 러시아에서 두 번의 혁명이 일어나 니콜라이 2세 왕조가 붕괴하고 사상 첫 사회주의 정권이 탄생합니다. 독일에는 약간의 순풍이 불죠. 이듬해 러시아 혁명 정부는 독일과 브레스

트-리토프스크 조약을 맺고 동부 전선에서 이탈했습니다. 독일은 동부 전선에 있던 군대를 모두 서부 전선으로 이동시켜 투입했습니다. 그러나 미국의 참전으로 기세를 올린 프랑스군에 패배를 거듭하면서, 독일군 내부에서도 평화 협상을 바라는 목소리가 나왔습니다.

057 분열되는 독일 사회

　1918년 11월 11일, 파리 북동쪽에 있는 콩피에뉴 숲에서 연합군과 독일 간의 휴전 협정이 체결되면서 4년 3개월에 걸친 제1차 세계대전이 드디어 끝났습니다. 각국 모두 많은 희생자를 냈습니다. 독가스, 전차, 전투기, 잠수함 등이 많은 병사의 목숨을 앗아갔습니다. 모든 나라의 존속을 건 싸움이었기 때문에 전투는 장기화되었고 본국은 물론 식민지에서도 인력이 동원되었습니다.

　그 결과 약 7,000만 명의 군인이 동원됐고 1,000만 명의 전사자, 그리고 그보다 몇 배나 많은 부상자와 실종자가 발생했습니다. 지금까지의 전쟁과 달리 민간인도 공습에 희생되었습니다. 각국 모두 막대한 희생을 치르고 너덜너덜해져 버렸습니다.

　전쟁 중 독일에서는 통제 경제가 실시됐습니다. 군사 물자뿐만 아니라 대부분의 생활 물자도 배급제가 됐습니다. 정부와 군에는 경제 전문가가 없었기 때문에 민간 기업에 생산과 관리를 의뢰했습니다. 가격을 자유롭게 책정함으로써 막대한 이익을 얻는 기업도 있었습니다.

　전쟁 상황에서는 무기를 생산하는 노동자도 필수적 존재였습니다. 하지만 노동자가 될 젊은이들마저 병사가 됐기 때문에 포로나 점령지의 주민을 무리해서 병사로 만드는 일이 생겼습니다. 그리고 여성도 노동력이 되어 군수 공장뿐만 아니라 많은 산업에 진출했습니다.

전쟁 중 독일 국내에서는 전의를 높이기 위한 거리 선전 활동 활동이 활발했고 출정 병사 위문, 병사 가족과 빈민 지원, 금속 회수 운동 등이 진행되었습니다.

독일 서민들의 삶은 팍팍해졌습니다. 우선 물자가 부족했습니다. 특히 식량 부족은 심각했습니다. 군수 산업이 중심이 되는 바람에 농업 노동자가 줄어들었고, 경작에 사용하는 소와 말도 군용으로 쓰이는 바람에 농업 생산력은 저하됐습니다. 빵과 감자, 고기 등의 식량부터 의류와 비누 등의 일용품까지 배급되면서 거리에는 배급을 기다리는 사람들의 긴 행렬이 이어졌습니다.

국민은 가난을 견디는 삶을 이어갔고 이로 인해 전에 없던 갈등이 생겼습니다. 도시 시민들은 식량 부족의 원인을 농민들의 낭비라고 생각했고, 농민들은 생산하는 모든 것을 국가가 통제하는 것은 싫다고 생각했습니다. 부자와 가난한 사람도 대립하면서 독일은 분단 사회가 되어 버렸습니다.

무제한 잠수함 작전이 선포된 1917년, 유럽 전역은 흉작이었고 연료가 부족했습니다. 더욱이 식량 수송이 충분히 이루어지지 않게 되자 대규모 파업이 일어납니다. 또한 전쟁을 시작할 때 애국심으로 뭉쳤던 독일인들은 점점 의견 차이가 생기면서 통합이 어려워졌습니다.

058 독일 혁명으로 붕괴된 독일 제국

제1차 세계대전 중 해군의 전투는 잠수함이 중심으로, 주력인 대형 함정은 방위를 위해서 항구에서 대기할 뿐이었습니다. 이러한 이상 사태는 더 이상 숨겨지지도 않았습니다. 1918년 가을, 독일의 패배가 결정적이었음에도 해군 사령부는 독일 해군의 의지를 보여주기 위해 전군에 출격을 명령합니다. 이에 해군 병사들은 의미 없는 작전이라며 반발했습니다. 해군 병사들은 '레테(혁명평의회)'를 조직해 반란을 일으켰습니다. 이를 '킬 군항의 반란'이라고 합니다.

독일 해군의 경우 장교는 귀족이나 엘리트 시민이, 그리고 일반 병사는 노동자가 큰 비중을 차지했습니다. 일반 사회와 마찬가지로 지배하는 자와 지배받는 자의 대립 구조였습니다. 해군의 반란이 바이에른과 작센 등 독일 전역에도 전해지자 각 국왕은 더 이상 체제 유지가 어렵다고 보고 퇴위했습니다. 베를린에서도 빌헬름 2세의 퇴위가 논의되었습니다. 황제 자신은 거부했지만 의회에서는 빌헬름 2세를 옹호하는 의견은 나오지 않았습니다. 또한 노동자와 병사들은 베를린으로 몰려와 불만을 호소했고 이들의 기세에 눌려 진압이 불가능하다고 생각한 빌헬름 2세는 퇴위하고 네덜란드로 망명합니다. 1918년 11월 8일, 독일 혁명으로 불과 반세기 동안 이어졌던 독일 제국이 붕괴했습니다.

059　부탁해, 에베르트!

비스마르크와 빌헬름 2세의 정치는 독단적인 부분이 많았기에 독일 제국은 독재 국가처럼 보였습니다. 그러나 제국 의회 의원 중에는 중간파가 있거나 노동당이 있는 등 입장과 의견은 통일되지 않았습니다.

특히 사회민주당은 사회주의자 진압법이 폐지된 이후 노동자가 늘어나면서 지지자가 확대되어 빌헬름 2세도 무시할 수 없게 됐습니다. 1918년 독일 혁명부터 1919년의 독일 공화국(체제는 공화국으로 바뀌었으나 여전히 정식 국명은 '독일국'인 상태) 탄생에 걸친 시대는 사회민주당이 정치를 주도합니다.

독일은 제1차 세계대전에서 국민이나 정당 모두가 전쟁에 협력하는 총력전 체제를 취합니다. 1917년 사회민주당의 카를 리프크네히트나 로자 룩셈부르크를 중심으로 하는 반전파는 당을 나와 독립사회민주당을 결성합니다.

그해 여름부터 사회민주당과 중앙당은 협상을 통해 평화적 해결을 요구하게 됩니다. 하지만 이러한 평화적 협상은 되려 보수파를 고립시키고 보수파의 결속을 강화합니다. 보수파와 군부가 점점 반발적인 태도를 보이자 이는 국민의 불만을 사게 됐습니다.

킬 군항의 반란을 계기로 각지에 노동자·병사 레테(평의회)가 결성됐습니다. 그들은 베를린을 포위하고 의회 중심의 정치 실현을 호소했습니다. 그러자 독일 제국의 마지막 총리였던 막스 폰 바덴

공은 사회민주당의 프리드리히 에베르트에게 사태의 수습을 맡겼습니다. 에베르트는 베를린 노동자·병사 레테(평의회)로부터 위임받은 형태를 취하고 사회민주당과 독립사회민주당으로 구성된 인민위원 정부를 수립합니다.

060 어떤 사회주의 국가를 목표로 할까?

사회민주당과 독립사회민주당은 모두 사회주의를 이상으로 삼았지만, 전자는 온건파였고 후자는 급진파로 근본적인 정치 방침이 달랐습니다. 사회민주당은 현실적인 문제를 해결하면서 사회주의 실현을 목표로 했고, 독립사회민주당은 레테(평의회)를 중심으로 삼고 소련과 같은 사회주의 혁명을 성공시키는 것을 목표로 했습니다.

1918년, 베를린에서 열린 전국 레테(평의회) 대회에서 독립사회민주당은 온건한 의회제 국가를 만들겠다는 사회민주당의 방침에 찬성했습니다. 그런데 독립사회민주당 내 극좌 성향의 일부 세력, 즉 스파르타쿠스 연맹은 이에 불만을 가져 독립사회민주당을 떠나 독일 공산당을 창당합니다. 이후 혁명의 필요성을 명분 삼아 과격한 거리 활동을 하고 정부 기관을 습격하기 시작합니다.

사회민주당은 혁명으로 인한 혼란을 원하지 않았습니다. 이에 따라 전쟁 중의 군대 지도자들, 즉 장교단을 유지하고 사회주의 혁명 세력을 저지하는 것을 조건으로 하여 에베르트가 정권을 맡는 것이 인정됐습니다. 에베르트 밑에서 조직된 정부군과 의용병은 혁명을 목표로 하는 세력을 진압했습니다. 이로 인해 독일 혁명은 제정을 무너뜨리는 데에는 성공했지만, 결국 정권만 바뀌었을 뿐 그 이상의 변화는 이루지 못한 셈이었습니다. 공화국이 됐지만 보수적인 체질은 거의 변하지 않았죠.

061 전쟁을 끝내는 방법

1918년, 독일 내에서는 혁명과 전쟁 패배의 혼란 속에서도 강화 회의를 위한 준비가 진행됐습니다. 미국 대통령 우드로 윌슨은 제1차 세계대전을 끝내기 위해 독일에 14개조 평화 원칙을 제시합니다.

하지만 영국이나 프랑스는 이 원칙에 반대했습니다. 예를 들어 제2조 '해양의 자유'는 공해가 어느 국가의 지배하에도 없다는 원칙이었기 때문에 바다의 패권을 쥐고 있던 영국에게 위협이었습니다. 또한 제3조 '국제 경제 자유화'는 관세 장벽을 없애고 평등한 통상관계 수립을 위한 원칙이었습니다. 하지만 프랑스는 경제력이 회복될 독일을 견제해야 한다는 이유로 반대합니다.

1919년 1월에 시작된 파리 강화 회의에서 미국, 영국, 프랑스를 중심으로 강화 조건에 대해 논의했습니다. 하지만 독일을 비롯한 패전국이나 러시아의 혁명 정부는 그곳에 초대되지 않았죠. 과거 프로이센에 패해 굴욕을 당했던 프랑스는 독일에 더 강력한 처벌을 내리자고 주장합니다.

독일에 제시된 강화 조건은 독일에게 충격을 주었습니다. 식민지 포기, 군비 제한, 영토 할양, 배상금 지급 등 모든 것이 가혹했지만 패전국이었기 때문에 받아들일 수밖에 없었습니다.

062 전쟁 후 베르사유 조약의 여파

1919년 6월 28일, 베르사유 궁전의 거울의 방에서 독일과 연합국 간의 베르사유 조약이 체결됩니다. 먼저 독일은 프랑스로부터 빼앗았던 알자스-로렌 지방을 반환했습니다. 서부의 탄광 지대인 자르 지방은 이제 막 출범한 국제연맹에 15년간 관리를 받은 후, 주민투표로 어느 나라에 귀속될지 결정하기로 했습니다.

독일로부터 독립한 폴란드에 포즈난(포젠)과 서프로이센 지방이 양도됐습니다. 오버슐레지엔과 동프로이센은 주민투표로 귀속이 결정되었고, 그단스크(단치키)는 자유시가 되어 폴란드는 그단스크를 이용할 수 있는 항구 사용권을 인정받습니다. 독일인의 마음의 고향이라고 할 수 있는 동프로이센 지방은 더 이상 독일 영토가 아니게 되었습니다.

제1차 세계대전 후의 독일

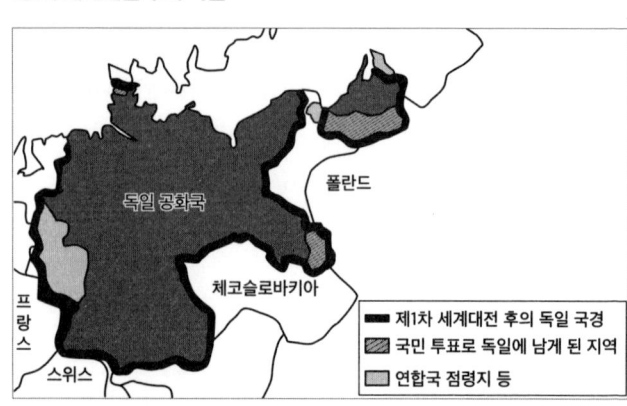

덴마크인이 많은 슐레스비히 북부 지방은 주민투표로 덴마크에 양도됐습니다. 마찬가지로 오이펜 및 말메디 지방도 주민투표로 벨기에 양도됐습니다. 해외 영토는 모두 분할 양도하게 됩니다. 독일의 아프리카의 식민지는 영국과 프랑스가 나누고, 남서아프리카는 남아프리카 연방이 위임통치령(국제연맹에 위임되어 통치하는 지역)으로 관리하게 되었습니다. 독일이 보유했던 태평양 지역들 중 태평양 지역의 적도보다 북쪽은 일본이, 남쪽은 오스트레일리아와 뉴질랜드가 위임통치하게 됐습니다.

군사적으로도 엄격한 조항이 있었는데 바로 징병제를 금지한다는 것이었습니다. 또한 육군 10만, 해군 1만 5,000, 함정은 36척까지로 상한선을 정했고 잠수함 보유와 공군은 금지됐습니다. 또한 라인강 우안 지대는 비무장 지대가 되었고, 라인강 좌안 지대는 15년간 연합국이 점령하기로 했습니다.

배상금은 최종적으로 1,320억 금 마르크로 결정됩니다. 상상을 훨씬 뛰어넘는 금액이었습니다. 결과적으로 영토와 인구의 상당 부분을 잃은 독일은 다시 일어서기 어려운 상황에 빠졌습니다.

마찬가지로 오스트리아도 영토를 잃었습니다. 오스트리아-헝가리 이중제국은 오스트리아, 헝가리, 체코슬로바키아의 3개로 분할되어 이탈리아, 폴란드, 루마니아에도 영토를 빼앗기고 결국 전쟁 전의 4분의 1까지 축소됐습니다.

자존심에 큰 상처를 입은 독일인들은 불만이 커져만 갔습니다. 그리고 강화조약이 체결된 직후부터 반베르사유 조약을 외치는 세력이 나타납니다. 이윽고 독일 국내는 혼란스러워졌고, 나아가 세계 혼란의 원인이 됐습니다.

칼럼 | 독일의 군비

전쟁 후 분단과 재통일을 거쳐, 군축 경향까지

제2차 세계대전 패전 후 동서로 분할된 독일의 군비는 서쪽은 미국을 포함한 연합국, 동쪽은 소련의 점령하에 해체됐습니다. 1955년 서독에서 새롭게 창설된 독일 연방군은 1949년에 발족한

독일군의 주력 전차 '레오파르트2A6'

북대서양 조약 기구NATO의 회원국으로서 동맹국과 협조하면서, 군비를 재건해 나갑니다. 소련에 점령당한 동독에서는 군비가 제한됐고, 1990년 독일 재통일 후에는 서독군에 동독군이 병합되는 형태로 오늘날까지 이어지는 독일 연방군이 됐습니다.

현재 독일 연방군은 육군·공군·해군·의무군·합동지원군·사이버군의 6개 군제로 구성돼 있습니다. 나치 시대의 역사적 반성으로 군사 행동은 철저한 문민 통제에 따라 반드시 연방의회의 승인이 있어야 합니다.

또한 과거에는 징병제였지만, 2011년에 중지하고 현재는 모병제로 전환되었습니다. 통일 전 서독은 NATO군의 대소련 최전선으로 전차 약 2,000량을 보유한 전차 강국이었습니다. 하지만 동서 통일 이후 점차 군비를 축소해 나갔습니다.

알면 알수록 재미있는 독일의 위인 ★ 4 ★

근대경제학의 거인, 마르크스

노동과 사회에 대해 계속 질문하다

독일 남서부 트리어의 유대교 지도자 집안에서 태어난 마르크스는 대학에서 법률, 철학을 공부하고 졸업 후에는 쾰른에서 발행되는 〈라인 신문〉에서 편집 업무도 담당합니다. 마르크스는 평생 노동과 경제 문제와 마주했습니다.

마르크스는 산업혁명 이후 노동자들이 기계에 종속되며 생산에서 소외되어 인간다운 충족감을 얻지 못하게 된 점과 자본가와 노동자의 격차가 커지는 자본주의의 구조적 결함을 지적했습니다. 노동과 사회의 바람직한 모습을 실현하는 것으로서 공산주의 사회를 이상으로 삼았죠. 그리고 자신의 연구를 《자본론》에 정리하고 노동자 혁명에 의한 사회 변혁을 호소해 나갑니다.

위험 사상을 지녔다는 이유로 조국 독일에서 추방된 마르크스는 영국에서 친구 프리드리히 엥겔스의 도움을 받으며 연구를 계속했습니다. 지금까지도 그의 사상은 정치, 경제, 철학 분야에 깊은 영향을 미치고 있습니다.

*** Chapter 5 ***

바이마르 공화국에서 나치 독일로

063　황제는 없지만 대통령이 있다

　정권 교체로 공화국이 된 독일에서는 국가 운영을 위한 규정이 필요했습니다. 먼저 의원을 정하고 새 헌법에 대해 논의해야 했습니다. 1919년 1월, 새로운 체제하에서 국민의회 의원 선거가 치러집니다. 제1차 세계대전 전의 정당은 이름을 바꾸고 참가했습니다. 이 선거에서 사회민주당이 약 38%의 득표율로 제1당이 되었습니다. 그러나 단독으로 과반에는 미치지 못하고 중앙당, 민주당과 구성한 '바이마르 연합'으로 불리는 연립정부를 구성하게 됩니다.

　선거 후 국민의회는 중부 도시 바이마르에서 열렸고, 때문에 새로운 독일은 '바이마르 공화국'이라고 불립니다. 여기서 새 헌법이 심의되어 가결됐습니다. 새 헌법은 자유주의가 강조되고 생존권과 사회권이 명기돼 국가가 국민을 보호하는 것이 의무화됐습니다. 또한 20세 이상의 남녀에게 선거권이 주어지고, 정당의 득표수에 따라 의석이 배분되는 비례대표제가 도입됐습니다. 이렇게 해서 국민의 의사가 정치에 쉽게 반영될 수 있었죠.

　이 헌법(바이마르 헌법)은 그 당시 세계에서 매우 민주적인 헌법이었습니다. 황제가 사라진 독일에서 국가 원수는 국민에 의해 선출되는 대통령이 됐습니다. 그리고 비상사태가 발생했을 경우 대통령이 법률을 만들어 대응하는 것이 인정됐습니다. 초대 대통령으로는 사회민주당 당수인 에베르트가 취임합니다.

　한편 정식 국명은 이전과 같은 '독일국'이었습니다. 황제가 없어지고 새 헌법을 만들 때 공화제가 된다는 것은 모두가 이해하고 있었지만, 국명은 또 다른 얘기였죠. 사회민주당이 국호에 '공화'를 넣자고 제안했지만 보수 정당이 납득하지 못했습니다.

064 바이마르 공화국의 혼란

　제1차 세계대전 이후 독일인의 대부분은 베르사유 조약이 연합국에 의해 강제로 체결되었다고 생각해 불만을 품고 있었습니다. 독일은 전장에서 패한 것이 아니라 사회주의자들의 파업과 유대인의 배신 등으로 패했다는 설이 퍼졌습니다.

　대통령 에베르트는 황제가 있던 시절이 더 좋았다고 생각하는 보수세력으로부터 제1차 세계대전 패배의 책임을 추궁당했습니다. 많은 독일인들은 새로운 국가 체제가 안정되어 굴욕에서 벗어나 국가의 존엄을 되찾기를 바랐습니다.

　그러나 바이마르 공화국은 내정과 외교의 양면에서 시련이 계속됩니다. 바이마르 연합은 국민의회에서 4분의 3 의석을 차지했습니다. 하지만 전직 군인을 포함한 보수세력과 공산당은 의회를 중심으로 한 정치를 부정하고 소련과 같은 공산당 독재 체제 수립을 목표로 하여 반란을 일으켰습니다.

　1919년 4월, 뮌헨에서는 노동자들이 반란을 일으켰습니다. 이 반란은 민병대와 극우 성향의 의용군에 의해 5월에 진압되었습니다. 이듬해 3월에는 군대가 해산되자 불만을 품은 전직 군인들이 베를린 총리 관저 등을 점거하며 '카프 폭동'을 일으켰습니다. 이에 맞선 노동자들은 정부를 지키기 위해 총파업으로 대응했고, 그 결과 독일 산업은 일시적으로 멈춥니다. 카프 폭동 내부 갈등과 분열로 폭동은 실패하게 됩니다.

　카프 폭동 진압에 동원된 의용군 병사들은 국방군에 편입되거나 극우 결사에 가담해 사회민주당과 자유주의 정치인들을 여러 차례 암살했습니다. 에베르트를 중심으로 한 사회민주당은 국민의 지지를 얻는 명확한 방침을 내놓지 못하고 지도력을 잃어갑니다. 결국 1920년 선거에서 대패하여 바이마르 연합의 의석은 절반 이하로 줄어들었습니다.

그 후에도 제1차 세계대전의 배상금이 결정되며 국민의 불만이 고조되는 상황 속에서 정부는 이를 억제하지 못했고 정치는 좀처럼 안정되지 않았습니다. 1923년 8월, 혼란이 계속되는 가운데 많은 정당이 모인 대연합 내각이 성립됩니다. 독일 인민당의 구스타프 슈트레제만을 총리로 하는 내각이 조직되어, 국내외 문제에 대처하게 됩니다.

065 배상금 부담과 하이퍼인플레이션

슈트레제만에게 골치 아픈 문제는 막대한 배상금이었습니다. 전쟁 중에 무기를 조달하고 배급을 유지하고자 빌렸던 돈을 갚기 위해 정부는 지폐를 계속 인쇄했습니다. 사회에 유통되는 지폐의 양이 증가하면 화폐 가치가 떨어져 물건의 가격이 올라갑니다. 그 결과, 전후 독일에는 인플레이션이 생겼습니다.

물가가 오르면서 월급도 오르고 나라 경제에는 좋은 효과도 있었지만, 외국에 대한 통화 가치도 떨어져 배상금 액수가 결정된 지불과 1년 만에 지급할 수 없게 됐습니다. 화가 난 프랑스와 벨기에는 1923년 1월 독일의 공업 지대인 루르 지방을 점령합니다.

이때 독일 정부는 루르 지방의 노동자들에게 일하는 척을 하라며 협력을 요청했습니다. 여기에는 탄광 노동자뿐만 아니라 자본가도 협력했습니다. 협력한 노동자에게 급여를 보증하게 된 정부는 지폐를 더 증쇄합니다. 그 결과 1914년에 1마르크로 살 수 있었던 것이 1923년에는 1조 마르크가 됐습니다.

이러한 상황을 하이퍼인플레이션이라고 합니다. 물가가 비싸 물건을 살 수 없는 노동자들의 불만은 고조되었지만 정부는 미심쩍은 움직임을 보이는 노동자들을 탄압했습니다. 슈트레제만을 중심으로 한 새 정부는 화폐 가치의 하락을 막고 통화를 안정시키기 위해 새 통화 렌텐마르크를 발행했습니다.

066 뮌헨 폭동으로 등장한 히틀러

1923년 아돌프 히틀러는 바이에른의 중심 도시 뮌헨에서 폭동을 일으켜 베를린으로 진군하려 했지만 실패로 끝났습니다. 이 사건을 '뮌헨 폭동'이라고 부릅니다. 뮌헨은 보수적인 성향이 강한 도시로, 나치의 전신인 독일 노동당이 창당된 것도 이곳입니다.

슈트레제만은 뮌헨 폭동에 제대로 대응하지 못했다는 비판을 받았고, 내각 불신임안이 통과되면서 총리직에서 물러났습니다. 하지만 곧 외무 장관에 취임해 여러 국가와 외교 관계를 개선하고자 힘썼습니다. 이를 바탕으로 독일의 대외 관계는 1924년부터 1929년까지 안정됩니다.

전쟁 배상금 문제에 대해서는 미국의 금융가 찰스 도스를 위원장으로 하는 특별 위원회에 의해 제안된 개혁안 '도즈안(도스 플랜)'을 받아들였습니다. 또한 슈트레제만은 미국 등으로부터 자본을 수용함으로써 경제를 다시 회복하고자 합니다. 이것도 성공하여 독일 사회에 드디어 안정이 찾아왔습니다.

게다가 1925년에는 영국, 프랑스, 독일, 이탈리아, 벨기에에 의한 로카르노 조약이 체결됐고 유럽 전체가 안전보장을 약속합니다. 같은 해, 루르 지방을 점령하고 있던 프랑스와 벨기에도 병사를 철수했죠. 이렇게 하여 독일을 둘러싼 환경은 조금씩 좋아져 가고 있었습니다.

067 좌파와 우파의 대립

1925년 대통령 에베르트가 사망하자 선거가 실시됐고, 제1차 세계대전에서 싸웠던 파울 폰 힌덴부르크가 당선됩니다. 군인 출신인 힌덴부르크는 취임 후 초반에는 헌법에 입각한 정치를 했습니다. 1926년 힌덴부르크는 국제연맹에 가입하며 국제사회로의 복귀를 이끌었습니다. 하지만 결국 강제적인 방식으로 정권을 운영했고, 사회민주당을 내각에서 배제했습니다.

이 무렵 독일 제국 시대의 참모 본부는 연합군의 지시로 폐지됐습니다. 그러나 제국주의 시대의 사고방식을 가진 군인과 관료들은 많이 남아 있었고, 이들은 바이마르 헌법에 부정적이었습니다. 전쟁과 혁명으로 독일 제국은 없어졌지만, 기존 권위주의적 문화는 아무것도 변하지 않았다고 할 수 있습니다.

1928년 선거에서는 사회민주당이 대승하여 국가인민당 등은 세력이 크게 약화됩니다. 힌덴부르크 내각의 최대 현안은 배상금 문제였습니다. 1929년 독일의 배상금 지급 기간을 연장하는 영 플랜Young Plan이 제시되자 독일 자본가들은 기뻐했습니다. 외무 장관 슈트레제만은 배상을 받아들였고, 이듬해 라인란트에 주둔하고 있던 연합군에게 철수하겠다는 약속까지 받습니다.

그런데 '독일 국가인민당'과 '국가 사회주의 독일 노동당(나치)' 등 우파 정당들은 애초에 배상금은 지급할 의무가 없다는 입장으로 이에 반대했습니다. 우파 정당인 국가인민당의 당수 알프레트 후겐베르크는 영 플랜에 반대하는 투쟁을 이끌었으며, 영 플랜에 찬성한 국회의원을 국가 반역죄로 규정하기 시작했습니다. 그뿐만 아니라 후겐베르크는 신문, 영화 등의 산업을 독점적으로 장악하고 이를 활용해 좌파 세력이 약해지기를 노렸습니다.

068 대공황 시기, 나치의 세력 확대

1929년 10월, 미국 월스트리트의 주가 폭락에서 시작된 공황은 곧 유럽으로도 확산됩니다. 미국을 비롯한 여러 국가들은 그동안 독일에 투자했던 자본을 회수합니다. 그래도 대공황 초기에는 독일 경제는 단순한 불황 정도였습니다.

하지만 1931~1932년이 되자 독일 경제는 급속히 악화되었습니다. 노동자의 월급이 줄어들고 실업자가 증가하는 등의 문제가 발생합니다. 불황이 심각해지는 가운데 집권한 브뤼닝 내각은 긴축 재정, 디플레이션 정책, 증세를 통해 사태를 극복하려고 하지만 의회가 반대합니다. 하인리히 브뤼닝 총리는 결국 의회를 해산하고 총선에 출마합니다.

이 선거에서 나치가 배상금 문제에 대한 불만을 호소하여 큰 승리를 거둡니다. 기존 12석에서 107석으로 의석수를 대폭 늘렸습니다. 이 나치 세력 확대로 인해 바이마르 공화국은 실질적으로 붕괴했습니다.

1931년, 독일은 경제 불황을 이유로 배상금을 지급하지 않겠다고 선언합니다. 이에 미국 대통령 후버는 1년간의 지급 유예 조치를 발표했습니다. 다음 해 로잔 회의에서 독일의 주장은 수용되어 배상금은 30억 금 마르크까지 감액됩니다. 그러나 1933년 전권위임법을 통과시켜 최고 권력자가 된 히틀러는 그 제안도 거부했습니다. 배상금 감액 협상이 시작됐을 때에는 브뤼닝이 대표를 맡고 있었습니다. 그런데 히틀러가 권력을 잡자 브뤼닝은 총리 자리에서 물러납니다. 배상금 감액을 쟁취한 업적은 히틀러의 것이 되어 나치의 평판이 올라가게 됐습니다.

069 당명에 사회주의가 들어간 이유

그런데 나치는 어떻게 독일 정치의 장에 나타났을까요? 나치의 전신인 '독일 노동당'이 결성된 것은 베르사유 조약을 체결한 1919년입니다. 1920년에 정식 정당으로서 '국가 사회주의 독일 노동당'이 됩니다. 그리고 다음 해 히틀러가 당의 실질적인 지도자로 올라서죠. 나치는 모든 것의 위에 국가를 두는 국가주의를 주장하는 우익 정당입니다. 그러나 당명에 사회주의가 들어가 있죠. 사회주의를 원하는 노동자를 끌어들일 필요가 있다는 것을 알았기 때문입니다. 물론 이 정치의 실제 형태가 반사회주의임은 말할 필요도 없습니다.

나치의 이름이 널리 알려진 계기는 뮌헨 폭동 때입니다. 나치가 주도한 이 폭동은 실패했고 히틀러는 국가 반역죄로 금고 5년형을 선고받았습니다. 그가 옥중에서 구술 필기한 《나의 투쟁》은 후에 나치의 성전이 됩니다. 히틀러는 폭동의 실패를 통해 정권을 장악하려면 합법적 수단이어야 한다는 것을 배웠다고 합니다. 하지만 그의 폭력적인 특징이 사라진 것은 아닙니다. 나치가 세력을 확대하는 배후에는 SA(돌격대)의 폭력적인 행동이 있었습니다.

1923~1928년은 의회에서 눈에 띄는 의석수를 자랑하는 정당이 없었기 때문에 민주당, 중앙당, 인민당에 의한 중도 우파 연합내각이 계속 이어졌습니다. 의견이 대립하는 당파가 연합을 구성할 수 있었던 것은 슈트레제만의 조정 능력 덕분이었습니다.

나치는 한때 침체됐지만 1924년 히틀러가 출옥하자 조직이 부활했습니다. 각지에 지부가 창설되어 지역마다 뿔뿔이 흩어져 활동하던 SA가 통합되어 뮌헨에 있는 본부의 관할하에 들어갑니다. 나치는 SA의 군사 행진과 퍼레이드를 통해 대중적 존재감을 과시했고, 공산당 모임 현장에서는 잦은 충돌을 일으켰습니다.

070 집권 기반을 형성하는 히틀러

세계 공황으로 독일 경제가 악화하자 영 플랜에 합의한 슈트레제만에 대한 비판이 커졌고, 이를 계기로 나치는 대중의 지지를 확대해 갔습니다. 히틀러는 국민의 불만을 잠재우고 지지로 바꾸기 위해 《나의 투쟁》에서 아리아인의 우월성을 강조하며, 이들이 더 많은 자원과 땅을 확보하기 위해 동유럽 지역으로 확장해야 독일이 발전할 수 있다고 강조했습니다.

1930년 9월 총선에서는 나치가 사회민주당에 이어 제2당이 됩니다. 나치 내부에서도 놀랄 정도의 큰 승리였고 이를 계기로 히틀러는 정권 탈취를 향해 본격적으로 움직입니다. 히틀러는 나치가 우파 세력 속에 묻히는 것을 싫어했고, 1932년 3~4월 대통령 선거에서는 단독으로 출마하여 현직 대통령 힌덴부르크와 맞대결을 벌입니다. 비록 당선되지는 못했지만, 히틀러는 결선투표에서 얻은 1,340만 표를 봤을 때 나치가 정권을 잡을 수 있다고 생각했습니다. 같은 해 7월 국회의원 선거에서 나치는 230석을 획득하며 제1당으로 약진합니다.

그러나 SA의 폭력 행위에 반대하는 목소리도 높아져 같은 해 11월 선거에서는 196석으로 줄어듭니다. 이에 위기감을 느낀 히틀러는 힌덴부르크에게 접근해 관계 개선에 힘쓰고 또 다른 우파 세력과 협력하는 태도를 보여 위기를 극복하려 합니다.

071 젊은이가 많았던 나치

당시 나치가 지지를 얻을 수 있었던 이유는 여러 가지가 있지만, 제1차 세계대전에서 패해 자존심이 구겨진 독일 국민에게 국가의 권리를 되찾을 것을 호소한 점이 가장 클 것입니다. SA(돌격대), SS(친위대), 히틀러 유겐트(10~18세의 나치 소년 조직), 철모단 등 대중을 동원한 조직을 이용해 거리 선전이나 캠프, 집회 등을 벌이며 지지자를 늘려나갔습니다.

나치는 전통적으로 사회민주당, 공산당, 중앙당의 지지 기반이 강한 지역에서는 쉽게 지지자를 모으지 못했습니다. 그러나 지역에 뿌리를 둔 정당이 아니었기 때문에 오히려 전국적으로 폭넓게 지지를 받을 수 있었습니다.

당시 시대적으로 독일은 모든 계층의 사람들이 국제적으로 세력이 약해진 독일의 상황에 불만을 품고 있었기에, 나치는 이러한 국민감정에 호소하는 것은 간단했을 것으로 보입니다. 나치는 당원과 지지자의 대부분이 40세 미만으로 젊은 사람들이 많았습니다. 격동의 시대에 자란 젊은이들이 이전의 엘리트나 명문이 지배하는 사회에 반감을 가지고 있었기에 나치에 동조하는 지지자들을 많이 모을 수 있었을 것입니다. 이를 뒷받침하듯 가난한 사람들이 나치의 폭력 조직인 SA나 SS에 흡수되어 갔습니다.

072 공산주의는 적이다!

1933년 1월, 히틀러는 보수파의 지지를 얻어 총리로 임명되었습니다. 나치는 보수파와 연합해 의회를 장악하려고 했습니다. 사실상 의회의 기능을 마비시킴으로써 독재 체제로 국정을 움직이려고 한 것입니다. 히틀러는 이 단계를 나치의 일당 독재 체제 수립을 위한 첫걸음이라고 생각했습니다.

히틀러에게 좋은 기회가 된 것이 같은 해 2월에 일어난 국회의사당 방화 사건입니다. 히틀러는 이를 공산당의 소행으로 몰아 철저한 탄압을 가했습니다. 3월에는 의회를 해산하고 총선거에서 승부를 겁니다. 최초로 라디오 방송을 선거 운동에 활용하며 대대적인 선전전을 펼쳤고, 사회민주당을 비롯한 반대 세력의 선거 운동을 철저히 방해했습니다. 그런데도 나치는 단독으로 과반수를 얻지 못하고, 연립 여당의 표를 합해 간신히 과반수가 됩니다.

이 과반 의석을 바탕으로 히틀러는 모든 권력을 나치에 부여한다는 내용의 '전권위임법(수권법)'을 의회에 제출합니다. 나치는 이때도 공산당 의원을 체포하고 중앙당에는 교황과의 관계 개선을 약속하며 협력을 이끌어냈습니다. 그 결과, 사회민주당만 반대하고 전권위임법이 통과되고 맙니다. 형식상 의회의 승인을 거쳤지만, 폭력의 도움을 받아 실현한 것은 부인할 수 없습니다. 제1차 세계대전 후 독일에서 싹트던 민주주의 정신은 여기서 소멸했다고 볼 수 있습니다.

나치의 독재가 가능했던 주요 배경 중 하나는 사회민주당, 공산

당, 중앙당이 일치단결하지 못했다는 점도 있습니다. 그리고 1917년 러시아에서 공산주의 국가가 탄생한 10월 혁명 이후, 이를 본 독일 국민은 나라가 공산화되는 것을 두려워하며 반공을 내세우는 나치를 지지했던 것입니다.

073 국군인가 SA인가

히틀러는 총리에 취임한 후 정치와 종교 관계를 정리하기 위해 로마 교황청과 정교 조약(콩코르다툼)을 맺었습니다. 우호 관계를 보여줌으로써 교회를 이용하려는 의도가 있었던 것이죠. 히틀러가 장악한 독일은 군부의 강력한 요청에 따라 국제적 제약 회피를 위해 제네바 군축 회의와 국제연맹에서 탈퇴했습니다. 이렇게 독일은 국제적으로 고립되어 갑니다.

일당 독재를 실현한 히틀러에게 남은 문제는 군대였습니다. 그동안 중요한 역할을 해 온 직속 무력 조직 'SA'와 독일 '국군'의 양립 문제가 있었습니다. SA는 결성 이래, 수백만 명 대원의 폭력 행위로 독재 체제 조성에 공헌해 왔지만 사회 전체로부터는 미움을 받았습니다. SA의 지도자 에른스트 룀은 SA를 미래 독일 군대의 중심으로 만들려고 했습니다. 하지만 이에 불만을 가진 군부가 SA의 해체를 요청했고, 히틀러는 권력의 안정화를 위해 군부의 협조가 필요했기 때문에 룀 등 주요 간부를 붙잡아 처형합니다.

그 후 SA는 SS로 재편되었습니다. 히틀러는 SA를 실컷 이용했지만 그 폭력성에 위기감을 가진 것이 아닐까 합니다. 룀이 처형되고 대통령 힌덴부르크가 사망한 1934년, 히틀러는 유일한 절대적 권력을 가진 '총통'에 취임합니다. 정치의 정점에 군림하게 된 것이죠. 여기서부터 독일은 반베르사유 체제로 움직입니다.

074 실업자도 나치로

 나치가 약진하는 가운데 독일에서는 국가 문제로서 1933년에 480만 명이나 됐던 실업자들을 구제하는 것이 급선무였습니다. 우선 나치의 새로운 체제 조직 운영만으로도 100만 명이 넘는 인원이 필요했고 이것이 많은 실업자의 취직처가 됐습니다. 실업자 대책으로 행해진 것이 '아우토반'이라고 불리는 고속도로의 건설입니다. 이것은 군용 도로이기도 했습니다. 바이에른 뉘른베르크에서는 전당대회가 성대하게 치러졌고 의사당을 건설할 노동자들이 확보됐습니다.

군수 산업에서도 많은 실업자가 일하게 됐습니다. 베르사유 체제의 타도를 목표로 하는 나치에게는 군비를 강화하는 비용이 반드시 필요했습니다. 하지만 그 비용을 외국에 요구할 수는 없었죠. 경제 장관인 얄마르 샤흐트는 라이히스방크(중앙은행) 행장의 지위를 이용해 기업 헌금 등을 요청해 자금을 준비했습니다. 그래도 부족해 결국 국민의 세금으로 부담하게 되었습니다.

075 식량과 자원을 확보하라!

나치는 자급자족 경제를 실현하기 위해 곡물과 축산물 등의 생산 증가를 도모했습니다. 나치는 비교적 비싼 값에 농산물을 사들였기 때문에 농민들은 만족했습니다. 하지만 이후 대지주를 보호하고 장남만이 부모의 재산을 상속받을 수 있는 제도를 정했습니다. 토지 분할은 허용되지 않았고 장남을 제외한 대다수 형제들에게는 혜택이 없었습니다.

공업 생산에 필요한 원자재 확보도 중요한 과제였습니다. 철강과 석탄은 국내에서 조달됐지만 석유를 비롯한 이외의 자원은 국외에 의존할 수밖에 없었죠. 그러나 패전국인 독일이 수입을 위한 외화를 준비하는 것은 불가능했습니다. 그래서 바터 거래(물물교환)을 통해 자원을 수입하려 했습니다. 이 방식으로 독일은 공산품을 헝가리, 루마니아, 유고슬라비아의 자원과 교환하며 거래를 확대했습니다. 독일은 영국이나 프랑스가 시장의 주도권을 둘러싸고 대립하는 틈을 타 중남미, 발칸반도, 중국에도 진출해 갑니다.

나치가 다양한 정책을 실행에 옮기는 가운데 세계 대공황의 여파는 쉽게 가시지 않았고 이윽고 독일 내 물자가 바닥나기 시작했습니다. 이런 상황에서 1936년 히틀러는 4년 안에 석유·고무·섬유·철강을 국내에서 자급자족할 수 있는 체제를 만들겠다는 '4개년 계획'을 발표했습니다. 석유·고무·섬유 등은 일정 수준까지 자체 생산이 가능해졌고, 일부 성공을 거두었습니다.

076 나치의 복지와 선전, 그리고 감시

나치가 정권을 잡았을 무렵, 독일 노동자의 임금은 여전히 낮은 수준이었습니다. 1937년에는 고용주가 노동자의 이직을 막기 위해 노동 시간을 단축하거나 특별 수당을 지급하게 됩니다. 이에 주목한 나치는 여가 활동이나 오락을 통해 전 국민의 지지를 얻고자 했습니다. 나치가 통합한 노동자들의 전국 조직인 '노동 전선'은 '기쁨을 통한 힘'이라는 조직을 만들어 노동자들에게 주말 음악회, 당일치기 여행, 북유럽 크루즈와 같은 활동을 제공했습니다. 또한 복지 정책을 위한 자원봉사, 모자 가정·빈곤 가정의 식량 원조 등을 실시했습니다.

이와 함께 나치 정책 중 하나로, 국민이 싸게 살 수 있는 자동차를 만드는 '국민차 구상'이 있었습니다. 히틀러는 포르쉐 박사에게 지시해 국민차(독일어로 '폭스바겐')를 설계하게 했습니다. 전쟁이 시작됐을 때는 군비가 우선되었기에 널리 확산되지 못했지만, 전쟁이 끝나자 일반인에게 판매되어 전 세계에서 인기를 얻습니다. 그 차가 바로 폭스바겐Volkswagen의, 통칭 비틀Beetle입니다.

또한 나치는 1936년 독일인의 민족의식을 고취하기 위해 베를린 올림픽을 개최했습니다. 8월 1일 개회식에서는 히틀러가 개회 선언을 하는 동안 수많은 관중들이 오른손을 비스듬히 앞으로 들며 나치식 경례를 했습니다.

나치는 라디오와 출판물 같은 미디어를 이용해 당대회와 기념 축제 등을 반복적으로 열었습니다. 여기서 나치의 사상이 선전됐고 많은 국민이 이에 동조됐습니다. 하지만 독일인조차도 비밀경찰인 게슈타포에게 엄격한 감시를 받기 시작했습니다.

히틀러가 만든 나치의 이론(나치즘)은 후세에 강하게 비판받습니다. 당시 독일 국민 일부에게는 민족의 번영과 재건이라는 구호가 어려운 상황 속에서 매력적으로 보였던 측면도 있었습니다. 대표적으로 '생존권'이라는 개념입니다. 우수한 독일 민족이 살아남기 위해 더 많은 자원이 필요하다며 정당화했습니다. 그러나 이것이야말로 배타적이고 위험한 사고방식이었습니다. 나치는 뛰어난 독일인에 의한 민족 공동체를 만든다며 독일에서 유대인, 반나치, 장애인 등을 철저하게 제거하는 행동에 나섭니다.

077 나치의 철저한 유대인 박해

유대인 박해는 나치가 권력을 잡은 1933년부터 본격적으로 시작됐습니다. 같은 해 유대인 관료와 변호사 등은 공직에서 쫓겨납니다. 또한 유대인 작가의 책은 불태워졌습니다.

당시 독일 국내 유대인은 50만 명 정도로 전체 인구의 1%에 못 미치는 정도였습니다. 초기 유대인 대책은 외국으로 이주시키는 것이었습니다. 그런데 수용국이 적어 많은 유대인은 국내에 머물렀습니다. 이 상황에 불만을 품은 나치는 1935년 뉘른베르크법으로 유대인이 정치에 참여할 권리인 공민권을 빼앗고 독일인과의 결혼을 금지했습니다. 유대인은 2급 지위로 강등되었습니다.

게다가 각지의 상점에 '유대인 사절'이라는 간판이 내걸립니다. 유대인들은 경제 활동에서 배제되며 공공의 복지를 받을 수 없게 되었습니다. 유대인에 대한 박해는 더욱 확대되어 1938년에는 5,000마르크 이상의 재산을 모두 신고하는 것이 의무화됐고, 의사의 면허는 취소됐으며, 유대인을 나타내는 'J'를 적은 새로운 여권으로의 교체가 강제됐습니다.

그러던 중 파리의 독일 대사관원이 유대인 청년에게 암살당하는 사건이 일어납니다. 이를 계기로 1938년 11월 9일 밤, 독일 전역에서 유대인 박해가 이루어졌습니다. 시너고그(유대교의 집회소), 상점, 주택, 기업이 습격을 당했고, 유리창이 부서져 흩어진 파편이 수정처럼 빛났기 때문에 '수정의 밤(크리스탈나흐트)'이라고 불립니다. 유대인들은 나치 정권 아래 계속해서 탄압을 받았습니다.

078 베르사유 체제를 무너뜨리다!

체제를 정비한 나치의 가장 큰 목표는 베르사유 체제를 무너뜨리는 것이었습니다. 히틀러가 이에 본격적으로 착수한 것은 국제연맹이 관리하던 자르 지방이 주민투표로 독일로 복귀한 1935년부터입니다.

자르 지방이 독일로 복귀하자 히틀러는 재군비 선언을 하고 징병제를 부활시킵니다. 이에 대해 영국, 프랑스, 이탈리아는 독일과 정면으로 대립하는 것을 피하고 비난 성명을 내는 데 그쳤습니다. 오히려 영국은 독일의 해군력을 영국의 35%까지만 보유하는 협정을 맺으며 재군비 선언을 인정합니다.

1936년, 독일은 비무장 지대인 라인란트로 군대를 진입시킵니다. 1935년 이탈리아를 이끄는 무솔리니가 에티오피아를 침략한 것이 국제사회의 비난을 받았고, 동일하게 비난받은 독일은 이탈리아에 접근합니다. 1936년 스페인에서도 프랑코 장군이 쿠데타를 일으켜 정권을 잡고 독재 국가를 건설합니다. 프랑코에 반대하는 지식인에 의한 국제 의용군이 결성되자 스페인은 내전 상태가 됐습니다.

079 세계의 패권을 노린 나치

1937년 4월, 나치는 스페인의 도시 게르니카를 무차별적으로 공습해 프랑코를 지원합니다. 이는 국제사회의 비난을 받았습니다. 히틀러의 독일과 무솔리니의 이탈리아의 관계는 스페인 내전에 개입하며 한층 더 강화됐습니다. 유명한 회화 작품 '게르니카'는 당시 파리에 머물던 피카소가 이 사건을 소재로 하여 나치에 의한 공습을 그린 작품입니다. 이 작품은 파리 만국박람회 스페인관에 전시되었습니다.

1938년, 히틀러는 육지로 연결되지 않은 데다가 군사력도 만만치 않은 영국을 정복하고 유럽의 패권자가 되기로 결심합니다. 반대하는 장군을 물러나게 하고 스스로 육해공군의 최고 사령관에 취임하죠. 3월에는 오스트리아를 병합했습니다. 이를 '안슐루스(병합)'라고 합니다. 오스트리아는 독일인의 국가이지만, 1871년 독일 통일로 분리되었었죠. 오스트리아의 많은 국민은 독일과의 통합을 '대독일주의'의 실현으로서 환영했습니다.

이어 독일은 체코슬로바키아의 주데텐 지방을 내놓으라고 요구합니다. 위기감을 느낀 영국과 프랑스는 뮌헨에서 정상 회담을 개최합니다. 그러나 영국의 총리였던 체임벌린은 독일의 마지막 영토 확장이라는 조건으로 주데텐 지방의 할양을 인정했습니다. 그 결과, 독일은 광물 자원이 풍부한 공업 지대를 수월히 손에 넣었습니다. 1939년에 독일은 주데텐 지방에 이어 막강한 군사력을 바탕으로 약화된 체코슬로바키아를 위협해 슬로바키아 공화국을 분리 독립시킨 후, 체코 영토를 사실상 병합합니다. 또한 리투아니아에서 국경 지대인 메멜 지방을 획득했습니다. 독일의 기세를 본 영국과 프랑스는 히틀러의 야심을 저지하기로 방침을 바꿔 독일이 노리던 폴란드에 지원을 약속합니다.

반면 영국, 프랑스와 함께 유럽 강대국이었던 소련은 독일과 대립할 의사가 없었습니다. 소련의 지도자 스탈린은 폴란드 영유를 둘러싸고 악화된 독일과의 관계를 개선하고자 했습니다. 독일도 이 단계에서 소련과의 전쟁은 바람직하지 않다고 생각했죠. 1939년 8월, 독일-소련 불가침 조약이 체결됩니다. 이 조약에서는 양국이 동유럽 나라들을 나누는 비밀 약속도 오갔습니다.

080 제2차 세계대전

1939년 9월 1일, 독일은 소련과 불가침 조약을 체결한 후 폴란드로 침공했습니다. 곧 소련도 폴란드를 공격합니다. 크게 패한 폴란드는 독일과 소련 양국에 의해 분할됩니다. 영국과 프랑스도 나치를 막기 위해 독일에 선전포고하며, 결국 제2차 세계대전이 시작됐습니다.

이후 이 전쟁에 일본, 미국도 참전하여 일본·독일·이탈리아 대 영국·프랑스·미국의 대립 구도가 됩니다. 프랑스는 제1차 세계대전 이후 독일과의 국경에 '마지노선'이라고 불리는 장대한 복합 요새를 구축했습니다. 하지만 전쟁 초반에는 한동안 전투가 없는 상태가 계속됐습니다.

독일이 중시한 것은 발트해였습니다. 1940년 4월, 독일은 작전 및 무역에 문제가 생기거나 영국군이 스칸디나비아반도에 상륙하여 독일군을 방해하는 것을 피하고자 선제적으로 덴마크와 노르웨이를 점령합니다. 이어서 네덜란드와 벨기에를 점령하고, 6월에는 프랑스 마지노선의 배후에서 프랑스를 공격합니다. 결국 독일은 파리를 함락시킵니다. 독일의 점령하에 놓인 프랑스군은 저항하지 않고, 남부 프랑스에는 친독의 비시 정부가 수립되어 페탱이 정권을 잡게 됩니다.

5월부터 6월까지, 프랑스 북부 덩케르트에 몰려 있던 영국과 프랑스의 약 34만 명 장병들은 철수에 성공했습니다. 그러나 칼레에 있던 영국군은 독일군을 유인하며 아군의 철수 작전을 지원하다가 전멸합니다.

  8월부터 9월 사이, 독일 공군은 영국 본토를 폭격했습니다. 그러나 영국 공군의 방어와 독일 폭격기의 항속 거리 문제 등으로 작전에 실패합니다. 이후 히틀러는 바르바로사 작전으로 소련 침공을 구상하기 시작합니다.

081 사막의 여우, 롬멜 장군

1941년 2월, 영국 및 프랑스와 사투를 벌였던 독일군은 아프리카에서 고전하던 이탈리아를 돕기 위해 아프리카에 상륙했습니다. 독일군 지휘관은 '사막의 여우'로 불린 롬멜 장군입니다.

롬멜은 수적으로 불리했지만 능숙한 전략으로 토부르크 전투와 제1차 엘 알라메인 전투에서 영국군을 격파했습니다. 4월, 기세가 오른 독일은 유고슬라비아와 그리스를 점령합니다.

그러나 북아프리카 작전에서는 보급이 계속되지 않아 고전이 계속됐습니다. 그 타이밍에 히틀러는 나치의 바르바로사 작전으로 소련과의 전쟁을 결심합니다. 6월, 독일과 소련의 전쟁이 개시됩니다. 같은 해 12월에는 미국과 일본도 본격적으로 참전하며 전쟁터는 전 세계로 확대됩니다.

1942년 6월, 독일은 코카서스 지방의 유전을 노리고 소련 영내로 진격했습니다. 이 동부 전선에서 최대의 전쟁터가 된 것이 소련의 스탈린그라드(오늘날 볼고그라드)입니다. 그러나 독일은 완강한 소련군의 저항에 부딪혀 전황은 악화하고, 게다가 보급도 끊겨 독일 병사 85만 명이 목숨을 잃었습니다.

082 열세에 몰린 독일

1943년 2월, 스탈린그라드 전투는 독일의 실패로 돌아갔고 소련을 침공한 독일군은 결국 항복했습니다. 이때 독일군 9만 6,000여 명이 포로로 잡혔습니다. 기세가 오른 소련군은 독일 영내를 침공했고, 동유럽 점령지 등에서 탈출한 많은 난민이 독일 내로 몰려듭니다.

엎친 데 덮친 격으로 같은 해 5월, 이탈리아와 함께 싸우던 북아프리카의 독일군도 연합군에 항복했습니다. 연합군은 시칠리아섬에 상륙하고 한층 더 이탈리아반도에 가까이 다가옵니다. 이탈리아 국내에서는 친독일파와 연합국 협조파가 대립했습니다. 7월, 연합국 협조파에 의해 이탈리아의 무솔리니는 체포되고, 후임 바돌리오 정권은 연합국에 항복했습니다. 이탈리아의 협력이 없어짐에 따라 일본, 독일, 이탈리아의 삼국 동맹은 붕괴합니다. 독일은 소련에 패하고 북아프리카 작전에서도 실패하며 불리한 상황에 몰립니다.

한편 연합군은 유럽 전선에서 독일에 대한 반공 작전을 짜고 있었습니다. 1944년 6월, 프랑스 북부 노르망디 해안에 영국과 미국을 중심으로 한 연합군 병사들이 상륙합니다. 총 병력 17만 6,000, 함정 5,300척, 항공기 1만 4,000대를 동원한 '노르망디 상륙 작전'입니다.

독일군도 연합군이 바다로 올 것은 예상하고 있었습니다. 그러나 정확한 상륙 지점을 예측하지 못해 고전합니다. 2개월에 걸친

싸움 끝에 독일군은 패하여 물러납니다. 1944년 8월, 4년 2개월 만에 파리가 해방됩니다.

083 독일의 패배와 히틀러의 죽음

궁지에 몰린 독일에서는 히틀러에게 큰 불만을 품었습니다. 1944년 7월에는 군대 내에서 반나치 장군들에 의한 히틀러 암살 미수 사건도 일어났습니다. 롬멜도 관련되어 있었다는 이 암살 계획은 히틀러가 참석하는 회의실이 변경되는 등의 우연으로 실패로 끝났습니다. 그 후 당연하게도 관련자들의 처형이 엄격하게 행해졌죠.

제2차 세계대전 중의 전선

1945년 3월, 연합군은 라인강을 넘어 독일로 진격해 옵니다. 4월에는 소련도 오스트리아 빈을 점령한 뒤 베를린까지 접근했습니다. 독일의 패배는 피할 수 없다는 것을 알게 된 히틀러는 4월 30일에 권총으로 자살했습니다.

그 직후 해군 총사령관 카를 되니츠를 대통령으로 하는 임시 정부가 조직됩니다. 되니츠는 항복을 위해 작전 부장 알프레트 요들을 프랑스에 파견했습니다. 그리고 1945년 5월, 되니츠는 독일 전군의 항복을 결의하고 요들에게 항복 문서에 서명할 권한을 부여합니다. 독일은 무조건 항복했고, 이후 독일은 연합국의 점령하에 들어가게 되었습니다.

칼럼 　독일의 스포츠

세계 굴지의 축구 강국, 새로운 스포츠도 인기를 끌다

독일은 세계 굴지의 축구 강국입니다. 1954년 월드컵에서 서독이 첫 우승을 차지한 이후 4번의 우승과 4번의 준우승을 차지해 월드컵에서 최다 우승인 브라질에 이어 두 번째로 높은 성적을 거두었습니다. 2000년 유럽 선수권 대회에서 크게 패하면서 독일축구협회는 선수 육성을 개혁하고 선수들이 각자의 능력을 팀에서 더 발휘할 수 있도록 장기적인 안목에서 지원함으로써 확고한 선수진을 갖출 수 있게 됐습니다.

20세기 전반에 독일에서 시작된 스포츠 '후프Rhönrad, Wheel gymnastics'는 유럽에서는 인기가 높은 스포츠입니다. 평행으로 연결된 2개의 큰 고리를 조종하여 고리 안에서 다양한 움직임을 보여줍니다. 'Rhönrad'는 독일어로 '고리'를 뜻합니다. 고리를 3차원적으로 크게 회전시켜 그 안에서 몸 전체가 회전합니다. 근육을 확실히 사용하면서도 해방감을 느낄 수 있어 스트레스 해소에 도움이 되는 등 정신적 효과도 주목받고 있습니다.

'헤디스Headis'는 2006년 독일 대학생들이 고안했습니다. 탁구와 헤딩을 합친 것과 같은 종목인데 탁구대와 거의 유사한 대를 사용하고 규칙도 탁구와 같지만, 다른 점은 핸드볼 치수의 공을 머리로 친다는 것입니다. 헤딩과 전신의 움직임을 사용한 격렬한 랠리를 펼칠 수 있는 흥미로운 스포츠입니다.

독일에서 시작된 스포츠, 후프와 헤디스

후프 ©Bundesarchiv, Bild 183-10454-0004

헤디스 ©Karl Bachmann 2010

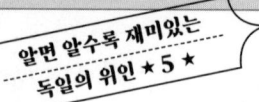

알면 알수록 재미있는 독일의 위인 ★ 5 ★

나치의 탄압을 글로 옮긴 소녀, 안네 프랑크

한 권의 일기가 온 세상에서 읽히다

안네는 프랑크푸르트에서 유대인 가정의 둘째 딸로 태어났습니다. 그림 그리기와 글쓰기를 잘했고 장래에 작가를 꿈꿨죠. 1933년 국가 사회주의 독일 노동당(나치)이 정권을 손에 넣은 뒤, 그 다음 해에 안네 일가는 유대인에 대한 박해를 피해 네덜란드 암스테르담으로 옮겨갑니다.

이윽고 나치의 유대인 강제 연행이 시작되자 안네 가족은 아버지 오토의 사업소를 증축한 곳을 은신처로 개조해 숨어 지내기 시작합니다. 1944년에 발견되어 강제 수용소로 끌려갈 때까지 이 생활은 계속됐습니다. 안네와 엄마는 그 후 수용소에서 생을 마감합니다. 안네가 은신처에서 계속 쓴 일기는 종전 후 아버지 오토의 손으로 돌아와 《안네의 일기》로 출판됐습니다. 《안네의 일기》는 전 세계에서 3,000만 부 이상 발행되어 유네스코 세계기록유산으로 등재됐습니다.

Chapter 6

연방 공화국과 민주 공화국

084 나치 시대의 끝

 1945년 5월, 독일은 연합국에 무조건 항복합니다. 그리고 6월, 연합군은 독일 중앙정부의 해체와 미국, 영국, 프랑스, 소련 4개국의 점령을 발표했습니다. 여기서부터 새로운 독일의 역사가 시작됩니다.

 점령하에서 가장 먼저 시작된 것은 나치 체제의 해체와 새로운 국가 체제 마련이었습니다. 독일은 미국, 영국, 소련이 서명한 포츠담 협정의 '비나치화', '비군사화', '민주화', '카르텔(기업연합)의 해체' 4원칙에 따라 재편되기 시작했습니다.

 비나치화 정책으로는 주요 전쟁 범죄자에 대한 뉘른베르크 국제 군사 재판이 진행됐습니다. 재판의 대상이 된 것은 24명과 6개의 단체로, 사형 12명, 종신형 3명, 유기형 4명, 무죄 3명이라는 판결이 내려졌습니다. 재판에서는 유대인 학살과 같은 끔찍한 나치의 범죄가 밝혀집니다. 이는 어떤 형태로든 나치와 관계가 있는 많은 독일인에게는 잊고 싶은 과거였습니다.

 이러한 재판은 국내보다 해외에서 더 많은 주목을 받았으며, 민간인인 나치 관계자의 재판도 행해졌습니다. 그러나 너무 많은 인원이 대상이 되는 바람에 관련된 모든 사람을 처벌하는 것에 의해 독일 사회가 붕괴하는 것이 우려되어 민간인에 대한 책임 처벌은 애매해져 갔습니다.

 종신형과 유기형이 된 7명의 전범은 베를린 외곽의 슈판다우 교

도소에 수용됩니다. 특히 나치의 부총통이었던 루돌프 헤스는 이곳에 오랫동안 수감됐습니다. 1941년 단독으로 영국으로 비행해 포로가 된 헤스는 뉘른베르크 재판에서 종신형을 받은 뒤 1987년까지 살아갑니다. 마지막 수감자였던 그의 죽음으로 슈판다우 교도소는 마침내 철거됐습니다.

085 서독과 동독으로 분할된 독일

제2차 세계대전 말기부터 미국, 영국, 소련 3국은 전후 독일 국가 체제를 논의했습니다. 종전 후에는 여기에 프랑스도 가세합니다. 그런데 4국의 속셈은 제각각이었고 신생 독일의 국가 체제를 둘러싸고 자유주의 체제를 내세울 것인가 사회주의 체제를 취할 것인가 하는 문제가 대두됩니다.

1947년에 열린 4개국 외무 장관 회담은 서방 3국과 소련 간의 주장이 대립하여 결렬됩니다. 합의는 불가능해졌죠. 미국, 영국, 프랑스 3국은 소련과의 교섭을 단념했습니다. 그 결과, 3국이 점령하는 지역에 신국가(서독)를 건설하고 이를 자유주의 체제의 서구 진영에 편입시키기로 합니다. 이로써 독일의 분단이 결정된 것입니다.

참고로 독일과는 별도로 분리되어 있던 독일인 국가인 오스트리아는 1945년 4월 소련군에게 빈을 점령당했고, 전후에는 미국, 영국, 프랑스, 소련 4국에게 점령당합니다. 오스트리아도 분할되어 점령당할 우려가 있었지만, '오스트리아는 독일에 침략당하고 연합군에 의해 해방된 국가'라고 보아 분단을 면할 수 있었습니다.

그러나 미국을 중심으로 한 서방 자유주의 진영과 소련이 형성하고 있던 동쪽 사회주의 진영이 대립한 탓에 냉전 속에서 오스트리아의 독립은 지연되었습니다. 1955년에야 비로소 점령 4국과 오스트리아 사이에 조약이 맺어져 오스트리아는 주권을 회복하게 됩니다. 동시에 오스트리아는 어떠한 군사 동맹에도 가입하지 않는 '영세중립'을 선언했습니다.

086 분할된 베를린

 미국, 영국, 프랑스 중 프랑스는 오랜 갈등을 겪어 온 독일을 전쟁 직후까지도 경계하며 독일의 약화를 가장 첫 번째로 생각했습니다. 그런데 사회주의 국가인 소련의 팽창이 더 큰 위협이라고 인식하자 독일을 적대시하기보다는 함께 가는 방향으로 생각하게 됩니다.

 1947년 미국은 유럽의 부흥을 경제적으로 지원하기 위해 당시 국무 장관의 이름을 딴 마셜 플랜(유럽 경제 부흥 원조 계획)을 발표했습니다. 이듬해 이를 위한 기관으로 유럽경제협력기구^{OEEC}가 조직됩니다.

 전후 독일에서는 경제 혼란으로 인해 화폐에 대한 신용이 떨어졌습니다. 서민들의 일상생활은 물물교환이 당연한 것처럼 이루어지고 담배가 화폐를 대신하던 상태였죠. 그래서 연합국은 점령 지역 내에서 통화개혁을 시행했고 신독일 마르크가 발행됐습니다.

 그보다 전에 소련도 자국이 점령한 동독 지역에서 새로운 마르크 지폐를 발행했지만, 마셜 플랜에 의해 가치를 보장받은 서독의 마르크가 널리 보급되면서 소련이 점령한 동독의 가치는 저평가됐습니다. 이에 1948년 6월 소련은 미국, 영국, 프랑스가 점령한 지대에서 자국이 점령한 지대를 지나 서베를린에 이르는 교통로를 차단했습니다. 이 사건을 '베를린 봉쇄'라고 합니다.

이후 베를린은 서쪽과 동쪽으로 분단됩니다. 전기와 물 공급이 중단되면서 서베를린 시민들은 생활할 수 없게 됐습니다. 미국과 영국은 육지의 외딴섬이 되어버린 서베를린으로 하늘길을 이용해 석탄과 식량을 보내는 '베를린 대공수 작전'을 펼칩니다. 총 27만 회에 걸쳐 물자가 운반됐고 소련은 봉쇄의 효과가 없다고 판단합니다. 결국 1949년 5월, 베를린 봉쇄는 해제됩니다.

분할된 베를린

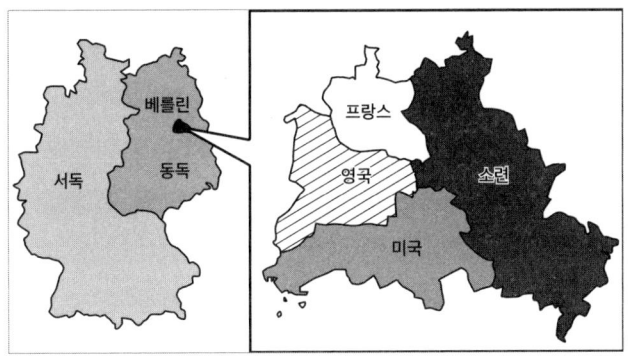

087 기름과 물 같은 서독와 동독

서쪽과 동쪽으로 분단된 베를린은 다른 길을 걷기 시작했습니다. 미국, 영국, 프랑스의 지도 아래 서독에서 '독일 연방 공화국'의 기본법이 제정됐습니다. 이 헌법에는 나치 시대에 독재를 허용한 반성에서 "인간의 존엄성은 침해되지 아니한다. 모든 국가 권력은 이 존엄성을 존중하고 보호할 의무를 진다."고 명기되어 있습니다. 법 앞의 평등, 인종 차별 금지, 언론의 자유 등이 보장됐습니다.

과거 행정에 개입하여 나라를 좌우했던 대통령의 권한은 대폭 축소됐습니다. 대통령은 연방총회에 의해 선출되며, 중립적 입장에서 국가적인 의례를 행하는 것이 직무의 중심이 됩니다. 이후 독일 대통령은 이른바 국가의 상징적 존재가 됩니다. 그 대신 총리의 권한이 강화됩니다. 총리는 대통령으로부터 독립된 지위가 보장되고, 의회에서도 대립 정당이 후보자를 세우지 않는 한 불신임 제안을 할 수 없게 됐습니다.

1949년에 헌법이 시행되자 서독의 국가 재건이 본격화됩니다. 서독의 초대 총리로서 정권을 맡은 사람은 CDU(기독교민주연합)의 콘라트 아데나워였습니다. 선거에서 승리한 CDU는 CSU(기독교사회동맹), 그리고 FDP(자유민주당)와의 연립정부를 구성합니다. 국내 경제의 재건은 물론, 서독의 존재를 국제사회에 알리는 것을 목표로 했습니다. 또한 아데나워는 미국 등 서방 국가와의 관계를 강화시키려 했죠. 물론 소련의 반발을 각오한 일이었습니다.

한편 소련이 점령하고 있던 동독에서도 1949년 새 헌법이 만들어집니다. 동베를린을 수도로 하는 '독일 민주 공화국'이 탄생한 것입니다. 이렇게 해서 동서의 독일은 사실상 독립을 이룹니다. 하지만 주권을 완전히 회복한 것은 서독과 동독 모두 1955년입니다.

1949년, 북대서양 조약 기구NATO가 결성됐습니다. 미국, 캐나다, 이탈리아, 프랑스, 덴마크 등 12개국에 의해 맺어진 조약의 내용은 회원국 중 한 나라에 대한 공격을 모든 회원국의 공격으로 간주하고 협력하여 공동 방어한다는 것이었습니다. 1955년에 서독도 가입합니다.

한편, 1949년 소련도 폴란드 등 동유럽 6개국과 경제상호원조회의 코메콘COMECON를 결성합니다. 동독은 1950년 이곳에 가입했습니다. 독일의 재통일을 목표로 하고 있던 서독의 아데나워는 그 첫걸음으로 1955년에 소련을 방문해 국교를 정상화합니다. 그러나 소련은 같은 해 서독의 나토 가입에 맞서 바르샤바 조약 기구WTO를 결성했습니다. 이듬해 동독은 바르샤바 조약 기구에 가입합니다.

아데나워는 이러한 동독의 움직임에 대항하여 서독 외교의 기본이 되는 '할슈타인 원칙'을 발표합니다. 서독은 동독과 수교하는 국가와는 소련을 제외하고 국교를 갖지 않는다는 내용으로, 독일은 하나의 국가이며 동독은 정식 국가로 인정하지 않는 입장을 고수했습니다. 이렇게 미국과 소련이 대립하는 국제 관계 속에서 서독과 동독의 대립도 불가피해졌습니다.

088 사회 재건의 정점, 월드컵 우승!

서독의 초대 총리 아데나워의 내정 목표는 '사회 국가의 실현'이었습니다. 이것은 사회주의를 채택한다는 것이 아니라 사회보장을 중시한다는 의미입니다. 전쟁 피해자 지원, 주택 건설, 연금제도 개혁 등이 이루어졌습니다. 나아가 아데나워는 국민의 자유로운 경제 활동을 인정하면서도, 국가가 일정 부분 관여하는 '사회적 시장 경제' 방침을 취했습니다. 이러한 정책이 성공하여 서독은 순조롭게 재건되어 갑니다.

1950년에는 한국전쟁이 시작되면서 세계적으로 무기를 비롯한 물자의 수요가 높아졌습니다. 그 결과 서독의 경제가 부흥하기 시작했습니다. 자동차·화학·기계·금속·전기 제품 등의 공업 생산이 증가하면서, 서독은 공산품 수출로 돈을 버는 나라가 됐습니다.

서독 재건의 상징적인 전환점이 된 사건은 1954년에 열린 월드컵입니다. 이 대회에서 서독 팀은 당시 세계 최강으로 불리던 헝가리를 결승전에서 꺾습니다. 이 승리는 '베른의 기적'으로 불리며 서독 국민에게 큰 자긍심과 희망을 줍니다.

1974년에는 서독에서 월드컵이 개최되어 동독도 첫 출전을 하게 됩니다. 이 대회 조별리그에서는 무려 서독과 동독이 맞붙었는데, 1-0으로 동독이 승리했습니다. 최종적으로는 서독이 두 번째 우승을 차지하며 세계 축구 강국으로 이름을 떨칩니다.

089 재건할 수 없는 동독

서독의 순조로운 부흥과 발전에 비해 동독은 힘든 상황이 계속 됐습니다. 동독을 점령한 소련군은 철도 레일, 목재, 공장 기계 등의 생산 인프라를 소련으로 가져왔습니다. 소련의 지배를 받게 된 기업은 소련용 제품을 강제로 생산하게 되면서 동독은 식민지와 같은 상태가 됩니다. 미국의 마셜 플랜에 기반한 지원도 전혀 받지 못했고 경제는 엉망이었습니다.

다만 이러한 동독에서도 비나치화와 토지개혁만큼은 철저히 이루어졌습니다. 프로이센 시대부터 이어진 지주 계급의 융커 계층은 해체되고 농민들에게 토지를 줍니다. 후에는 이 토지들이 다시 통합되어 집단 농업 체제로 전환됩니다.

당시 동독의 지도자는 후에 발터 울브리히트였습니다. 소련 공산당의 스탈린 체제를 동독에서 실행했습니다. 이때 동독의 정치 체제를 뒷받침한 것이 비밀 경찰 조직인 슈타지입니다. 슈타지는 국내 곳곳을 감시했고 사람들의 자유를 빼앗았습니다. 슈타지는 가정에까지 잠입해 아내가 남편을, 남편이 아내를 감시할 정도로 철저해졌습니다.

또한 동독에서는 소련의 방침에 맞추어 사회주의를 침투시키기 위해, 중공업을 중심으로 한 경제 정책이 채택됐으며 식량이나 소비재와 같은 서민 생활에 필요한 것은 부족했습니다. 노동자들은 엄격한 생산 할당량을 부과받았고 자율적인 생산이나 시장 활동은 허용되지 않았습니다. 노동자들을 구제해야 할 사회주의와는 전혀 다른 나라가 됐습니다.

1953년 소련의 스탈린이 사망하면서 동베를린에서 반정부 시위가 일어났고 동독 곳곳으로 퍼졌습니다. 집권당인 SED(독일사회주의통일당)은 위기감을 느꼈고, 울브리히트는 소련군의 힘을 빌려 시위를 철저히 탄압합니다.

스탈린의 죽음으로부터 3년 뒤, 소련에서는 최고 지도자가 된 흐루쇼프가 스탈린에 대해 비판하자, 스탈린의 억눌린 정치에 시달렸던 폴란드와 헝가리에서는 탈사회주의화를 요구하며 반소련 폭동이 일어났습니다. 동독에도 그 물결이 확산됐지만 울브리히트는 체제 비판을 허용하지 않고 국민을 탄압하며 기존 체제를 유지했습니다.

090 동서 대립의 상징, 베를린 장벽

독일의 분열 상태가 계속되는 가운데 1958년, 새로운 문제가 발생합니다. 소련의 지도자 흐루쇼프가 서베를린을 비무장 지대로 만들어 주둔 중이었던 미국, 영국, 프랑스의 군대와 무기 등을 철수시키자고 제안한 것입니다. 미국, 영국, 프랑스는 이 제안을 반대했습니다.

전후 동서독의 경제 격차는 점점 확대되고 있었습니다. 순조롭게 발전하는 서독과 달리 동독은 심각한 경제 침체 탓에 많은 사람이 서독으로 도망을 쳤습니다. 특히 베를린은 동독에서 서독으로 가는 주요 통로였고, 동서가 서로 섞이는 중요한 도시였습니다. 이 때문에 베를린의 분단은 곧 독일의 영구적인 분단으로 이어질 수 있다는 우려가 있었습니다.

동독 정부는 1961년 8월, 변하지 않는 베를린의 상황에 속을 끓이다가 돌연 동서 베를린 간의 이동을 모두 차단합니다. 서베를린 전역을 철조망으로 에워쌉니다. 또한 같은 해 콘크리트 벽을 쌓아 감시를 시작합니다. 이른바 '베를린 장벽'의 등장으로, 서베를린은 1948년 베를린 봉쇄 이후 다시 육지의 외딴섬이 되었습니다. 동독 정부는 장벽을 넘으려는 사람들을 사정없이 사살했고 많은 희생자가 발생했습니다. 베를린 장벽은 동서 대립의 상징으로 대립을 심화시켰습니다.

091 쿠바가 위험해!

베를린 장벽이 세워진 후, '쿠바 미사일 위기'가 발생합니다. 이 사건은 서독에 전환점이 됩니다. 사건의 시작은 소련이 미국 바로 근처에 있는 사회주의 국가 쿠바에 미사일 기지를 건설하려 했습니다. 당시 미국 대통령 케네디는 미사일 철거를 요구하며, 쿠바로 향하는 소련 선박의 접근을 막기 위해 해상에서 출입 검사하는 강경 조치를 취합니다.

강경한 자세를 보이는 미국에 대해 소련은 충돌을 피하고자 미사일 배치를 포기했습니다. 만약 소련이 반발한다면 제3차 세계대전의 도화선이 됐을지도 모를 정도의 위기였습니다. 미국과 소련은 정면충돌을 피하고 평화와 공존 노선으로 전환합니다.

이러한 국제 관계의 변화가 서독 외교에서도 반영됩니다. 또한 1950년대와 비교해서 정당 성격의 변화도 내정의 전환으로 이어졌습니다. 예를 들어, 사회민주당은 소련을 따라 동독의 사회주의화를 목표로 했지만 점차 탈이데올로기를 확대하며 정치색을 강하게 드러내지 않았고 국민의 폭넓은 지지를 끌어왔습니다. 더 나아가 교회에 접근하여 교황과 우호 관계를 확인합니다.

한편, 기독교민주연합은 과거 아데나워가 이끌었지만 새로운 당수 루트비히 에르하르트의 지도력 부족으로 내부에서의 대립이 심해지고 있었습니다. 이에 눈독을 들인 자유민주당은 에르하르트 지지를 표명하고 연립정부에 참여합니다. 3개의 정당에 의한 대연정이 목표가 되어 갔습니다.

092 독일과 프랑스의 화해

국제 관계에서 주변국과의 관계를 개선하는 움직임도 있었습니다. 쿠바 미사일 위기가 터지기 전부터 서독, 프랑스, 베네룩스 3국(벨기에, 네덜란드, 룩셈부르크), 이탈리아는 경제 통합을 위해 계속 대화를 하고 있었습니다. 그러나 여러 차례 싸워 온 독일과 프랑스의 골은 너무 깊어 쉽게 메워지지 않습니다.

이러한 상황이 계속되던 1962년, 프랑스 대통령 드골이 서독을 방문합니다. 드골은 유럽 문제를 미국이 관여하지 않고 유럽 내에서 정리되어야 한다고 생각했고, 그 실현을 위해 오랜 숙적 독일과 화해하려 했습니다. 서독의 총리 아데나워는 이를 받아들였고 프랑스와의 역사적인 화해가 실현됩니다. 이러한 관계 회복은 유럽 통

합의 흐름에 긍정적인 영향을 미쳤고, 1967년에는 EC(유럽공동체)가 성립됐습니다. EC는 현재 EU(유럽연합)의 전신이 되는 조직입니다.

프랑스 대통령 드골이 서독을 방문한 지 1년 후, 미국의 대통령 케네디도 서독을 방문했습니다. 쿠바 미사일 위기를 넘긴 케네디는 베를린 장벽 앞에서 반공산주의 연설을 했습니다. 미국과 유럽 국가들이 성장을 계속하는 서독을 인정하며, 국제사회에서 서독의 위상이 향상되고 있었음을 이를 통해서도 알 수 있습니다.

그런데 1960년대 중반 이후 미국과 소련의 대립이 완화되면서 서독의 존재감은 약화됐습니다. 기독교민주연합에서 두각을 나타냈던 게르하르트 슈뢰더는 동유럽 국가들과의 경제 관계를 강화하고 동독을 고립시킬 방침을 제안합니다. 그러나 '동독과 수교하는 국가와는 국교를 맺지 않는다'는 할슈타인 원칙이 발목을 잡으면서 좀처럼 쉽지 않았습니다.

1966년, 그때까지 순조로웠던 서독 경제에 그늘이 보이기 시작하자 총리인 에르하르트는 정권에서 물러납니다. 이를 대신해 사회민주당과 기독교민주연합의 대연립정부가 탄생합니다. 이 정권에서 기독교민주연합의 쿠르트 게오르크 키징거가 총리가 됐습니다. 1969년 선거 후 사회민주당은 연립을 해소하고 자유민주당과 손을 잡습니다. 키징거가 퇴임하자, 사회민주당의 빌리 브란트가 총리가 됐습니다.

093 브란트의 외교 정책

브란트는 서독의 총리가 되기 전 키징거 대연정 내각에서 외무 장관을 맡고 있었습니다. 다수파인 기독교민주연합과의 관계를 해소하자 사회민주당의 독자적인 정책을 적극적으로 실행합니다. 가장 큰 목표는 소련과 동유럽 국가들과의 관계를 개선하는 '동방 정책'입니다. 미국과 소련의 관계는 조금씩 개선되고 있었지만 대립의 구조가 없어진 것은 아니었습니다. 서독으로서는 아데나워가 진행해 온 친서유럽 노선을 계승할 필요가 있었죠.

그런 가운데 브란트는 할슈타인 원칙을 폐기하고 소련 및 동유럽 국가들과의 관계 개선을 도모합니다. 1970년 브란트는 소련과의 협상에서 동독을 국가로 인정하는 것을 받아들입니다. 교섭은 난항을 겪었지만 결국 소련도 동의했습니다.

같은 해, 브란트는 폴란드를 방문했습니다. 강제 수용소였던 바르샤바의 게토 앞에 무릎을 꿇은 그의 모습은 과거 피해를 준 국가에 사죄하는 서독의 자세를 상징하는 것으로 전 세계인에게 강한 인상을 줬습니다.

브란트는 외무 장관이었을 때부터 동유럽 국가들로의 접근을 생각하고 있었습니다. 서독은 루마니아, 유고슬라비아, 체코슬로바키아, 헝가리, 불가리아 등과 잇달아 국교를 수립했습니다.

1971년, 브란트에게 노벨 평화상이 수여됐습니다. 1972년에는 동서독이 상대방을 국가로 인정하는 동서독 기본 조약을 체결합니다. 그 결과 서독 국민이 동독으로 자유롭게 방문할 수 있게 되었지만, 여전히 동독 국민은 그렇지 못했습니다.

다만 서독으로의 인재 유출이 줄어든 동독에서도 1970년대 들어 일정 부분 경제가 안정되고 국민 생활에도 조금씩 여유가 생겼습니다. 그러나 1980년대 들어 다시 경제 상황이 악화되면서 동독 국민의 불만은 커졌습니다.

094 새로운 정당, 녹색당의 약진

전후 서독에서는 오랫동안 사회민주당, 기독교민주연합, 자유민주당이 집권했지만, 1980년대 새로운 정당 '녹색당'이 약진합니다. 이 당은 1960년대의 학생 운동을 뿌리로 하고 있습니다. 특히 1966년에 성립되었던 대연정 내각은 비상사태법의 성립을 목표로 했습니다. 이 법률은 전쟁, 내란, 대재앙 시 정부가 개인의 권리를 제한할 수 있다는 내용으로 많은 서독인이 반대했음에도 불구하고 성립됩니다.

이때 학생들이 중심이 되어 '의회 외부 저항 운동[APO]'을 활발히 실시했지만 큰 성과를 얻지 못하고 끝났습니다. 그러나 이들이 제기한 문제의식은 그 후에도 이어집니다. 1970년대 이후 APO에 참여했던 사람들은 자연환경 보호에 관심이 있었습니다. 이들에 의해 녹색당이 창당됐고, 1983년 선거에서 대접전 끝에 27석을 확보하며 연방의회에 처음 진입합니다. 이후 의회에서 일정한 영향력을 갖게 됩니다.

095 마침내 붕괴된 베를린 장벽

1989년, 소련 최고 지도자인 미하일 고르바초프가 추진한 개혁 정책인 페레스트로이카의 영향으로 동유럽 국가에서는 자유를 요구하는 목소리가 높아졌습니다.

같은 해 5월, 헝가리에서는 오스트리아와의 국경에 설치되어 있던 철조망이 철거되어 자유롭게 출국할 수 있게 됩니다. 이를 알게 된 동독 국민도 "우리가 인민(주권자)이다!"라고 외치며 출국과 의견 표명의 자유를 요구하며 시위를 벌였습니다. 그런데 동독 국가평의회 의장 에리히 호네커는 움직이려고 하지 않습니다.

6월, 중국에서는 공산당이 천안문 광장에서 민주화를 요구한 젊은이들을 탄압한 '천안문 사태'가 발생합니다. 세계 여러 나라가 중국을 비난하는 가운데, 동독 정부는 탄압을 지지했기 때문에 국민은 크게 분노했습니다. 게다가 오랫동안 국민들이 시달렸던 물자 부족도 전혀 해소되지 않고 불만은 점점 커져만 갑니다.

1989년 10월, 라이프치히에서 동독 정부에 대한 항의 시위가 일어났습니다. 이를 계기로 동독 전역에 시위가 확산됐고 11월 4일 동베를린에서 열린 시위에는 100만 명이 넘는 동독 국민이 참여했습니다. 혼란 속에 호네커는 사임하고 에곤 크렌츠가 새 서기장으로 선출됩니다. 크렌츠는 일정 수준의 자유를 약속했지만 동독 국민의 불신을 해소하지는 못했습니다.

1989년 11월 9일, 동독 정부가 기자회견에서 출국의 자유를 인정했다고 볼 수 있는 애매한 발표를 합니다. 그날 밤 베를린 장벽에는 시민들이 몰려들었습니다. 국경 경비대와 군중의 입씨름 끝에 국경 검문소는 개방됐고, 다음 날 동독 국민의 손으로 베를린 장벽 철거 작업이 시작됐습니다. 오랫동안 동서 냉전의 상징이었던 베를린 장벽은 마침내 무너졌습니다. 그 배경에는 언론의 자유, 이동의 자유를 요구하는 국민의 강한 의식이 있었습니다. 그리고 12월, 소련의 대통령 고르바초프와 미국의 대통령 부시가 만나 냉전의 종결을 확인했습니다.

096 쉽지 않은 통일

 베를린 장벽이 붕괴된 이후, 동독의 크렌츠 서기장과 서독의 헬무트 콜 총리는 통일을 향한 독일의 미래에 대해 논의했습니다. 많은 사람이 동독 체제가 부진한 경제, 혼란스러운 소련 상황 등으로 결국 붕괴할 것이라고는 예상했지만, 실제로 동서독을 통일하는 것은 더욱 쉽지 않았습니다.

 정부에 불만을 느끼고 있던 동독 국민은 곧 통일되기를 기대하며 서독으로 이주했습니다. 반면 서독 국민의 상당수는 통일로 인해 경제가 뒤처졌던 동독을 살리기 위해 생기는 부담을 우려했습니다. 그러므로 무조건 통일을 환영하는 것이 아니라 시간을 들여 신중하게 진행해야 한다고 생각했죠.

 현실적인 통일을 위해서는 미국, 영국, 프랑스, 소련 4개 점령국과의 협의가 필요했습니다. 특히 소련이 통일을 인정할 것인가가 문제였습니다. 통일에 긍정적인 입장이었던 미하일 고르바초프 정권이 언제까지 계속될 지에 대한 우려도 있었습니다.

 1990년 5월, 동서독과 미국, 영국, 프랑스, 소련 6개국 외무 장관회의가 개최되어 동서독 통합을 승인합니다. 나아가 통일된 독일의 폴란드와의 국경이 정해졌고, EC 국가와 독일의 향후 관계가 논의됐습니다. 8월 31일, 서독과 동독의 통일 조약이 체결됩니다. 그리고 10월 3일, 서독 기본법 23조에 기반해 동독의 각 주가 서독에 가입하는 방식으로 동서독이 통합됩니다.

097 실화였던 쉰들러 리스트

　1993년 스티븐 스필버그 감독의 〈쉰들러 리스트〉가 작품상, 감독상 등 아카데미상 7개 부문을 수상하며 세계적으로 큰 히트를 칩니다. 이 영화는 제2차 세계대전 중 오스카 쉰들러라는 사업가가 실제로 한 일을 바탕으로 만들어졌습니다. 쉰들러는 나치 당원이었지만 신변의 위험을 무릅쓰고 자신의 공장에서 고용하고 있던 1,200명의 유대인을 나치의 학살에서 구했습니다.

　1982년 호주의 작가가 쉰들러의 생애를 소설화하면서 그의 활약을 전 세계인이 알게 됐습니다. 2008년에는 쉰들러 탄생 100주년을 기념하여 특별 기념 우표가 독일에서 발행됐습니다. 쉰들러는 독일의 자랑스러운 위인이 됐지만 동시에 쉰들러의 이름이 전 세계에 널리 알려짐으로써 다시 한번 나치의 잔학한 행위를 떠올리는 계기가 되었습니다.

098 통일 후 독일의 과제와 변화

 오랜 염원이었던 독일 통일이 실현되었지만, 많은 문제가 남아 있었습니다. 동서의 경제 격차가 너무 커서 구동독에서 구서독으로의 사람들의 이동이 늘어나 수습할 수 없어집니다. 또 구동독 국민은 격차가 해소되지 않자 불만을 터뜨렸습니다. 그 불만은 선거 결과에 나타납니다. 동독 시절의 사회주의통일당은 통일 후 민주사회당으로 이름을 바꿔 개편되었습니다. 구동독 측 사람들의 불만이 모여 같은 당 의원을 연방의회로 보냈습니다.

 통일을 이룬 콜의 장기 집권은 기독교민주연합과 자유민주당의 연립이 기반이었습니다. 그러나 통일 후 얼마 지나지 않아 상황이 달라집니다. 녹색당의 득표수가 자유민주당을 앞지르게 된 것입니다. 1998년 사회민주당의 슈뢰더가 총리가 됐을 때는 사회민주당과 녹색당이 연립정부를 구성했습니다.

 한편 슈뢰더는 총리가 된 이듬해, 코소보 분쟁에 독일군을 보냅니다. 전후 처음으로 전쟁에 참여하게 되면서 독일 국내에서는 격렬한 논의가 이뤄졌습니다. 또한 2001년에 9·11 테러 사건이 일어나자 미국과의 무제한의 연대를 표명하며, 미국이 주도하는 아프가니스탄에서의 대테러 소탕 작전에 독일군을 파병합니다. 하지만 독일이 군을 파견하는 것에 대해서는 과거의 나치 독일을 연상한다는 이유로 해외에서는 우려와 비판의 목소리가 제기되었습니다.

099 독일 최초의 여성 총리

1994년에 성립된 제5차 콜 내각에서 한 여성이 환경부 장관에 취임합니다. 이 여성, 즉 앙겔라 메르켈은 원래는 구동독의 물리학자로, 독일 통일 후인 1990년에 기독교민주연합에 출마해 당선됩니다. 제4차 콜 내각에서는 여성청소년부 장관으로 발탁되어 두각을 나타냈습니다.

2005년 선거에서 기독교민주연합이 승리하면서 메르켈은 독일 최초의 여성 총리가 됩니다. 메르켈은 높은 지지율을 보이며 정권을 안정적으로 운영했습니다. 이후 독일이 직면한 여러 문제에 과감히 맞서 10년 이상이나 계속되는 장기 정권을 구축합니다.

2008년에는 독일 총리로서 최초로, 이스라엘을 방문했고 외국

총리로서 이스라엘 국회에서 연설했습니다. 메르켈은 여기서 나치 행위에 대한 독일인으로서의 반성과 유대인에 대한 사과를 공식적으로 밝혔고, 이는 독일 외교에서 매우 상징적인 사건이었습니다.

2009년 선거에서는 중도 보수의 자유민주당과 연립합니다. 제2차 내각의 임기 중에 그리스 재정 위기 문제(소버린 리스크)가 발생해, 그리스에 고액의 재정 지원을 하기로 결정하면서 메르켈의 지지율은 하락했습니다.

2011년 일본의 대지진으로 후쿠시마 제1 원자력 발전소 사고가 일어나자 독일 내에서는 반원전을 내건 녹색당이 약진합니다. 여론이 반원전으로 기우는 것을 본 메르켈은 곧바로 국내 원전을 폐지할 방침으로 전환했습니다.

100 2천 년 독일의 역사와 미래

 2013년 선거에서 기독교민주연합의 연정 파트너였던 자유민주당이 의회 진입에 실패하면서 메르켈은 사회민주당과 연립정부를 구성합니다. 그리고 2015년, 난민 100만 명 수용을 표명했습니다. 표명 직후부터 국내 보수와 우익 세력이 크게 반발했습니다. 이 역시 영향을 미쳐 2017년 선거에서 기독교민주연합은 의석이 줄었습니다.

 사실 독일에서는 단순히 난민뿐만 아니라 구동독을 중심으로 한 경제적 격차가 문제가 되고 있었습니다. 2018년 메르켈은 3년 후에 정계를 은퇴하겠다고 공식 발표했으며, 차기 총리가 될 인물이 메르켈의 정책을 이어받을지 아니면 크게 바꿀지에 대한 관심이 높아졌습니다. 오늘날 독일은 명목 GDP에서 세계 3위의 경제 대국이자 EU의 중심적인 역할을 수행하고 있습니다.

 지금까지 2,000년에 걸친 독일의 역사를 소개했습니다. 숲과 강밖에 없던 땅을 게르만인이 개척하여 나라를 만들었고 2번의 세계대전에서 대패하며 독일은 고난의 시간과 함께 격변의 역사를 지나왔습니다.

 그러나 이 고난을 딛고 지금 독일의 번영이 있습니다. 어려움에 지지 않는 독일인의 강인한 정신은 '불굴의 게르만 정신'이라고 불립니다. 게르만 정신이 무엇인지는 이 나라의 역사가 증명하고 있다고 할 수 있습니다.

> 알면 알수록 재미있는
> 독일의 위인 ★ 6 ★

범유럽주의의 선구자, 리하르트 니콜라우스 폰 코우덴호페칼레르기

유럽 통합의 초석을 마련하다

제2차 세계대전 중 오스트리아는 독일에 병합됐습니다. 오스트리아 출신의 리하르트는 일본에서 태어났지만 그 후 가족끼리 유럽으로 이동해 빈 대학을 졸업했습니다. 제1차 세계대전 후인 1923년에 《범유럽》을 출판합니다. 범이란 '모든'이라는 뜻으로, 유럽 여러 나라의 평화와 통합을 설명한 작품이었습니다.

전란 후에도 혼란스러웠던 유럽에서 이 주장은 널리 지지받아 출판된 해에 유럽의 통합을 목표로 하는 국제 범유럽 연합이 설립됩니다. 그 제안은 제2차 세계대전의 발발로 인해 실현되지 않았지만, 전후에 EC(유럽공동체)가 탄생해 1993년의 EU(유럽연합) 탄생으로 결실을 보았습니다.

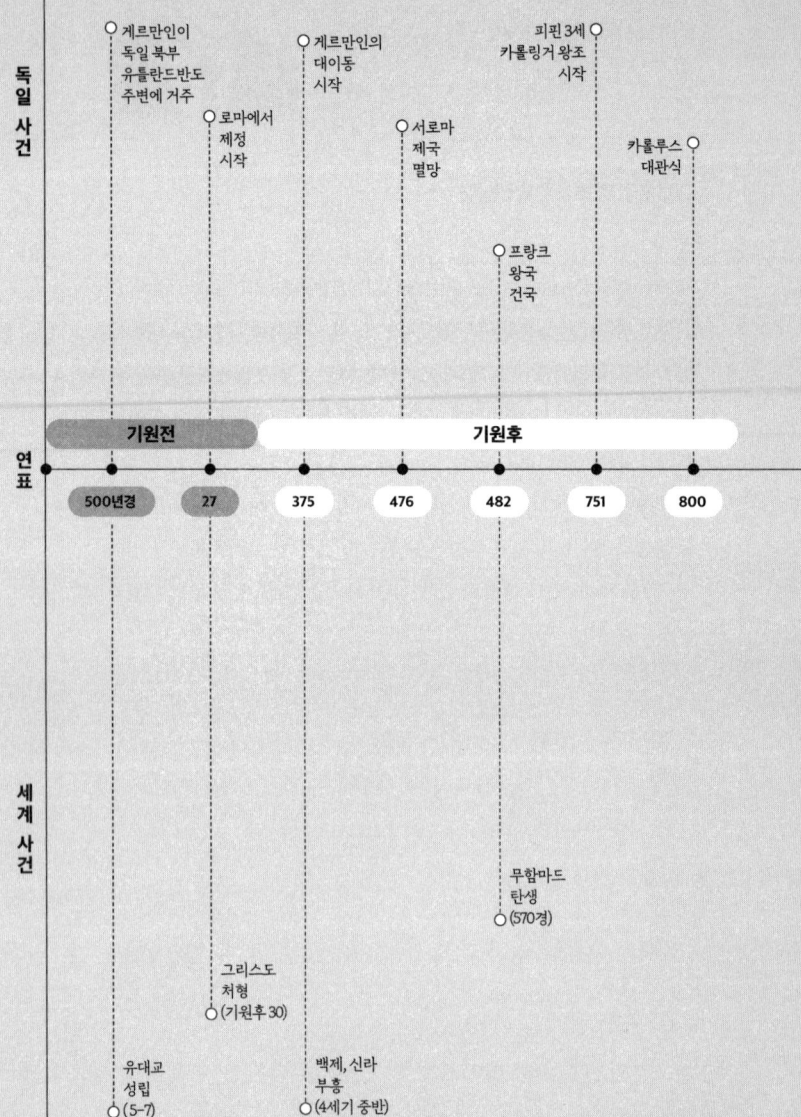

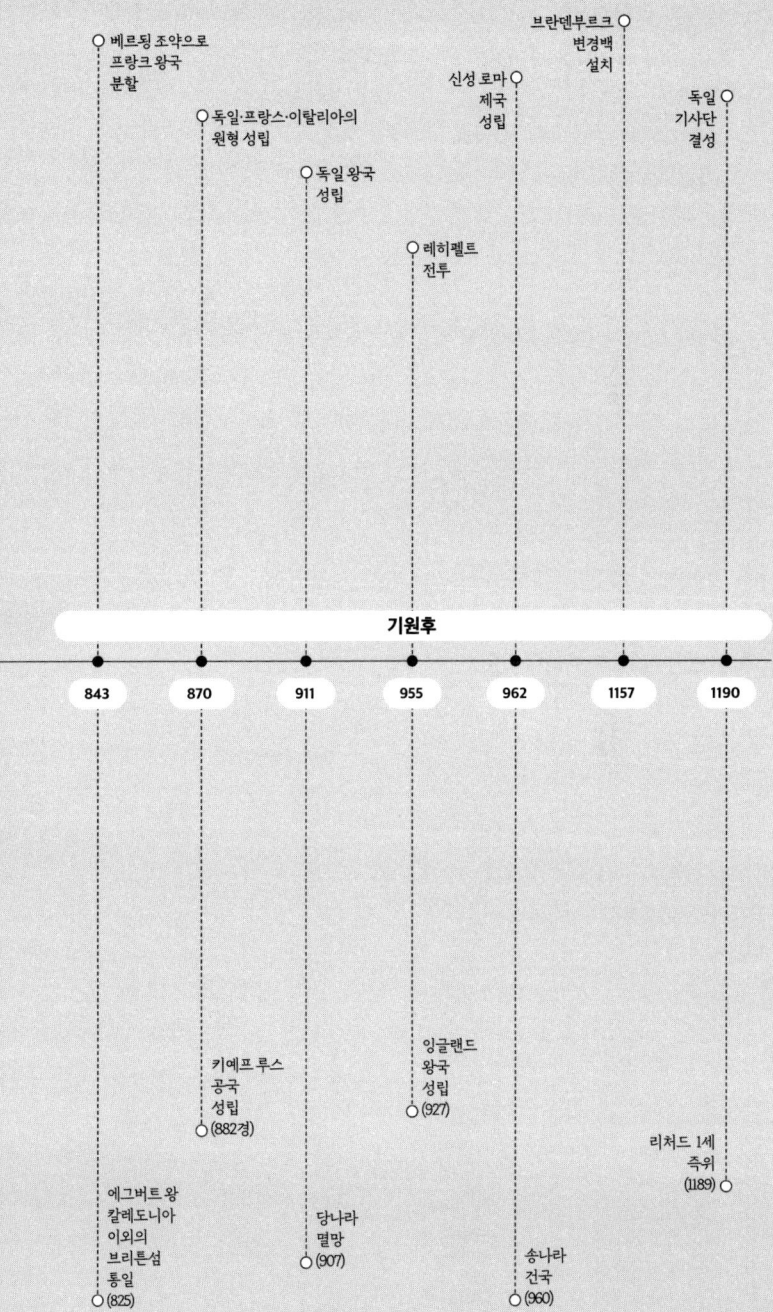

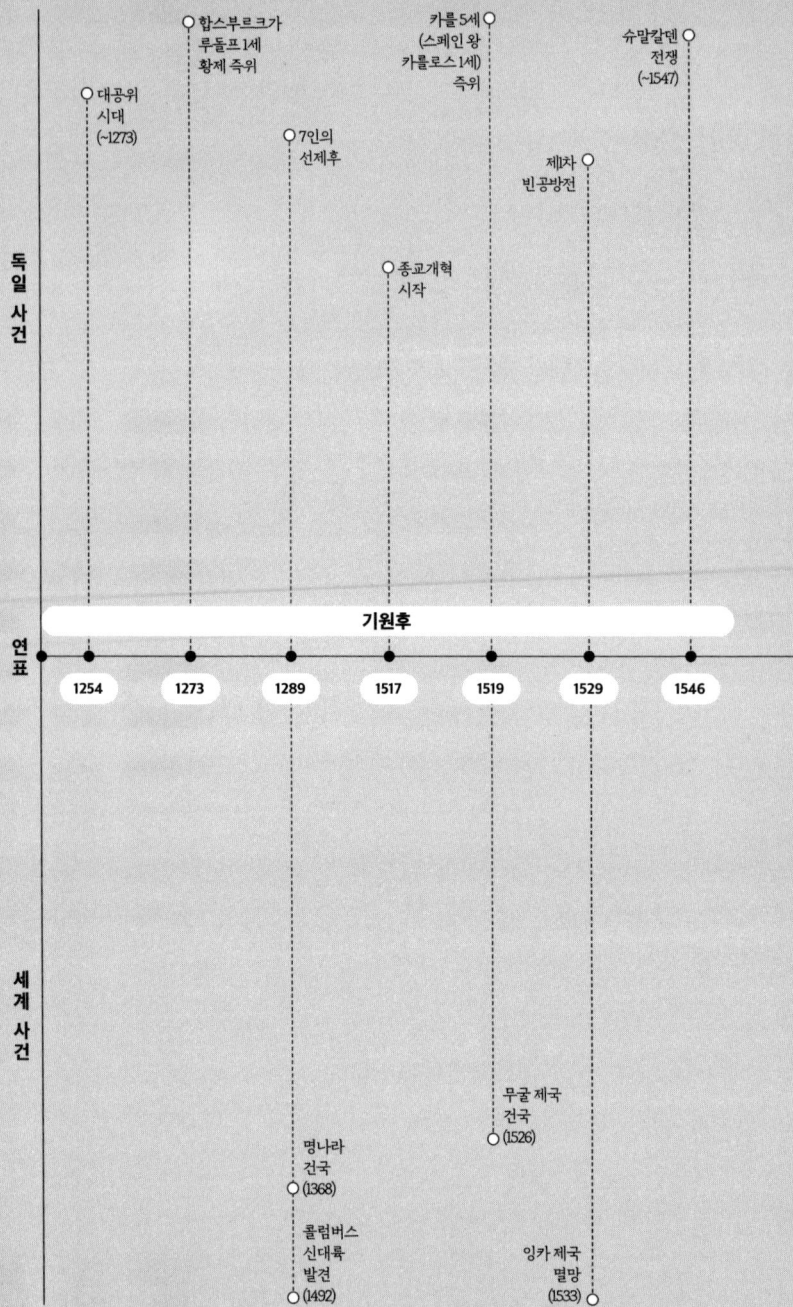

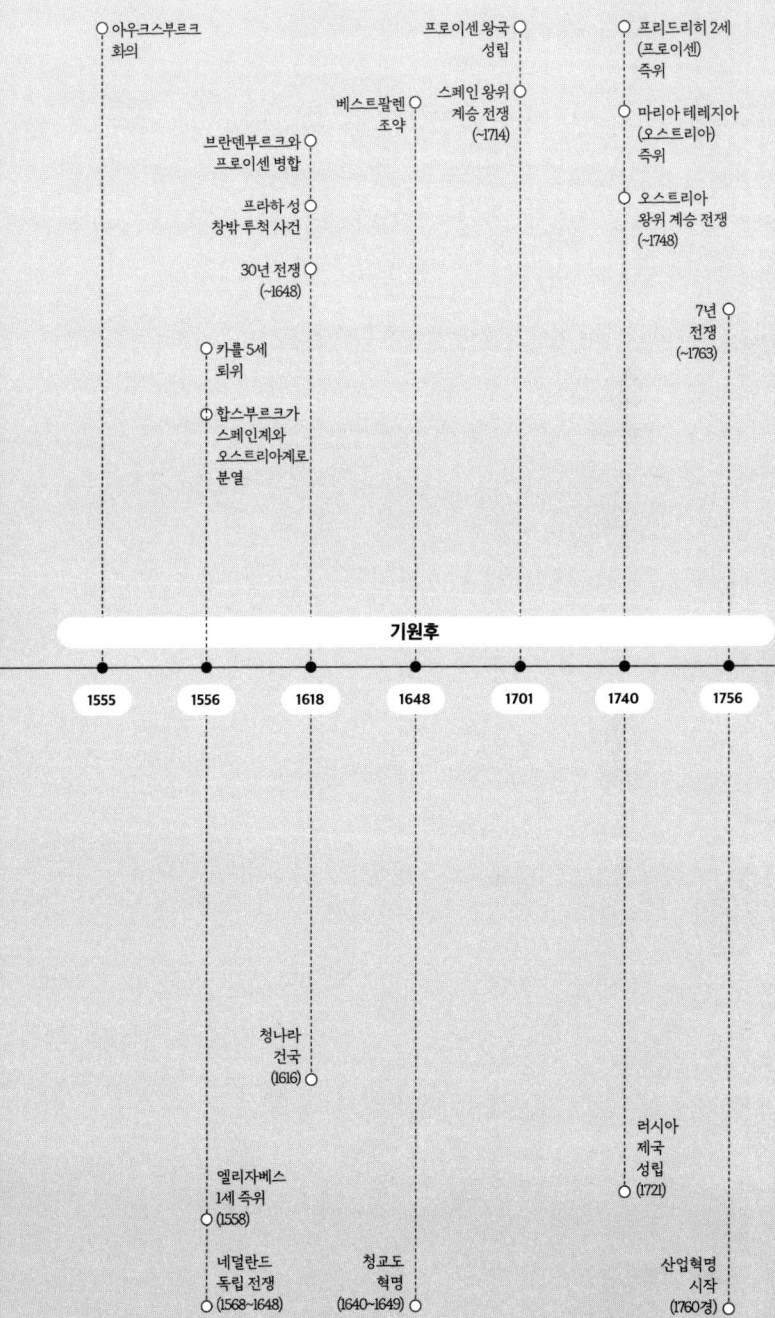

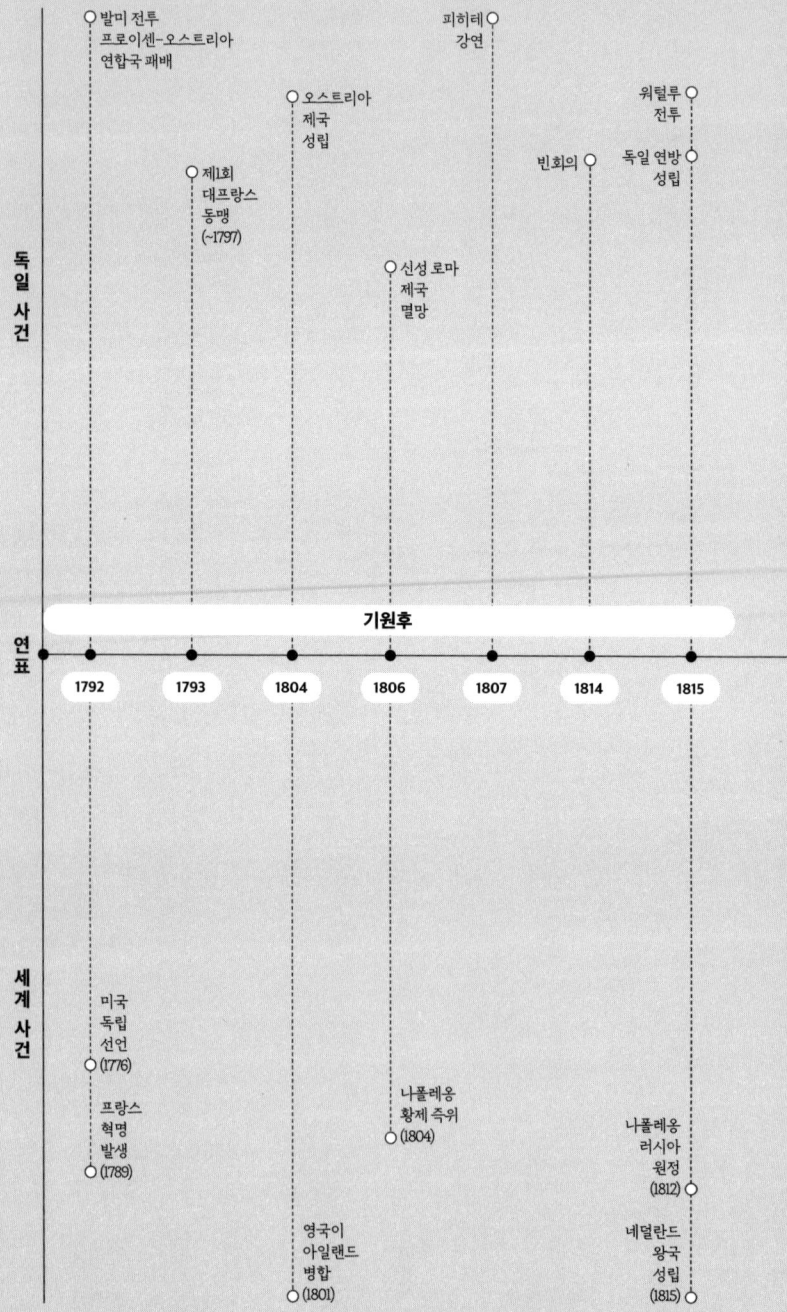

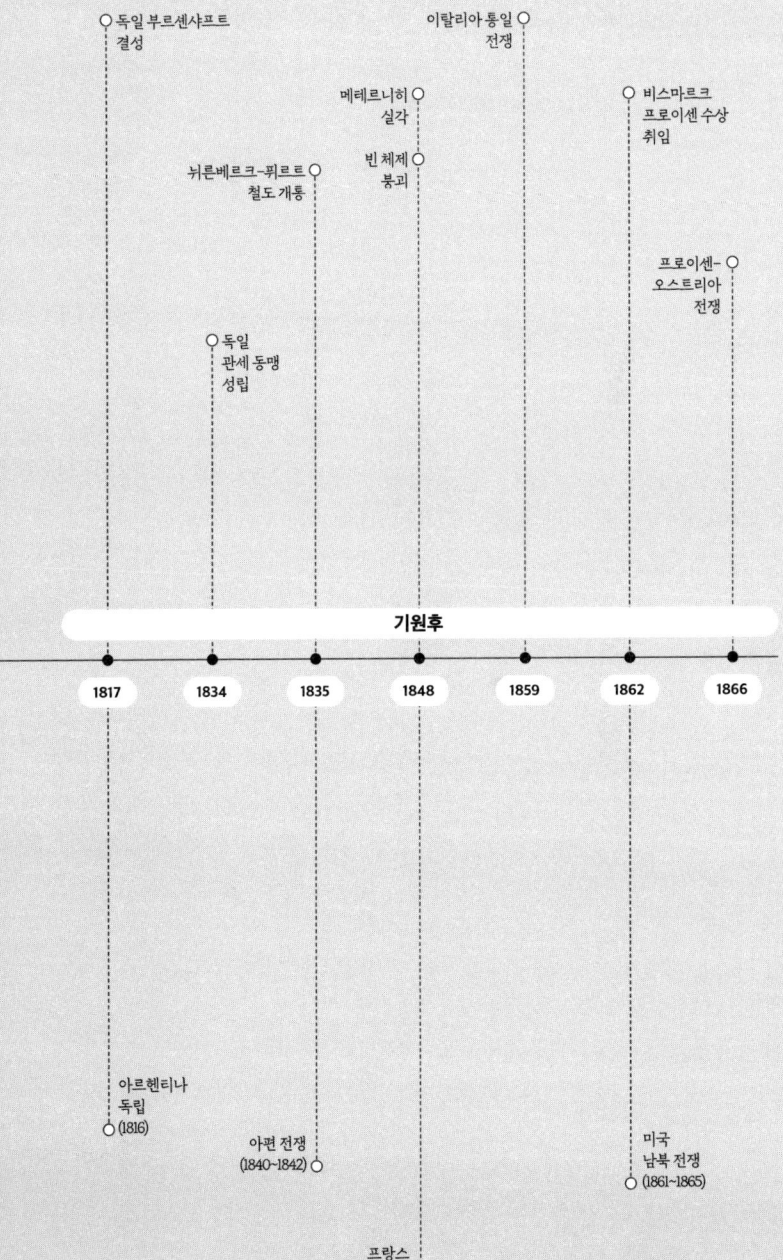

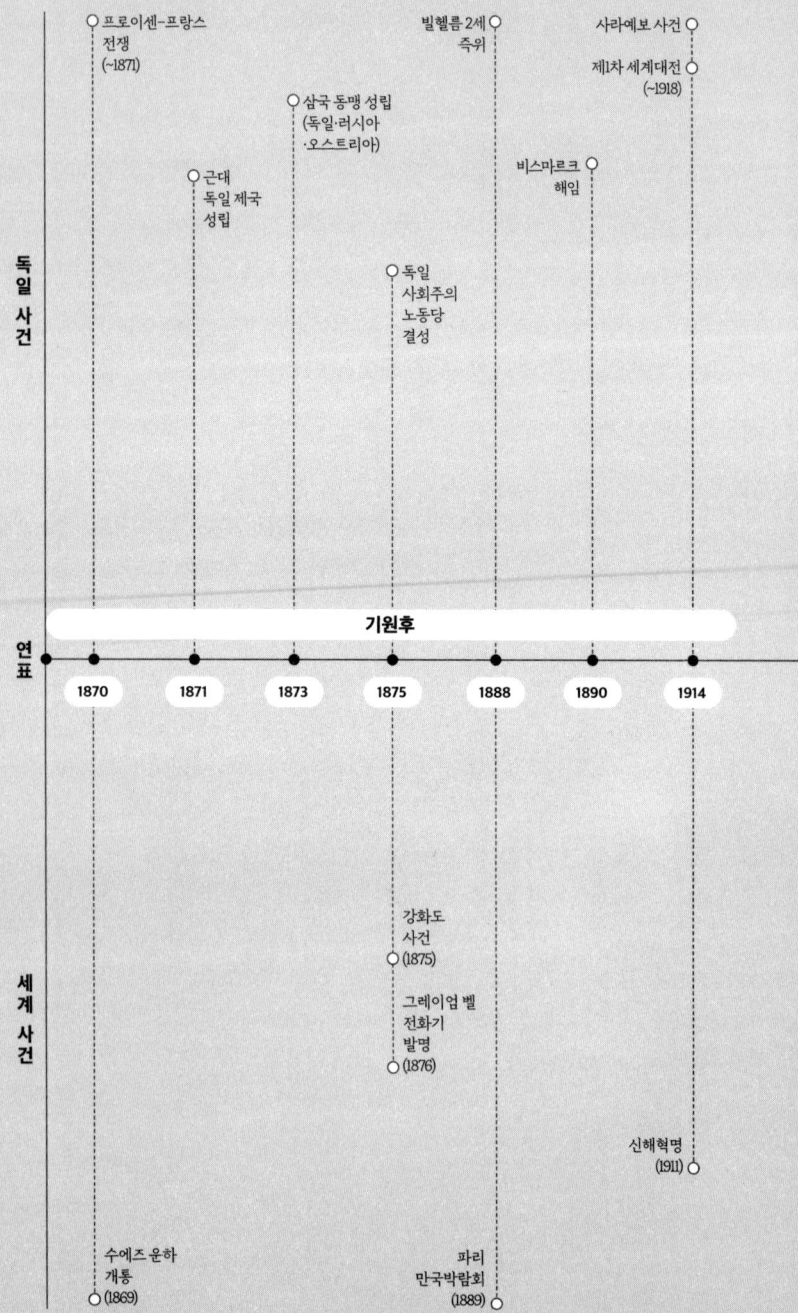

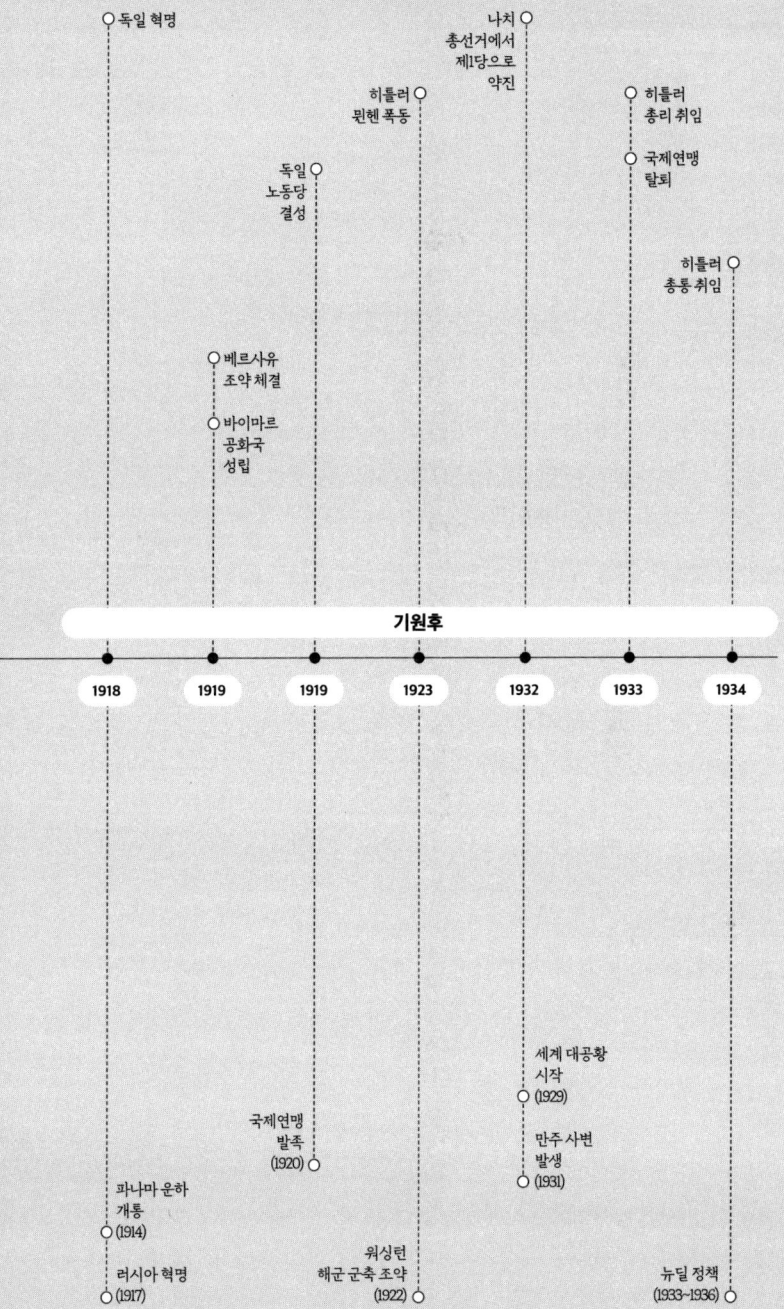

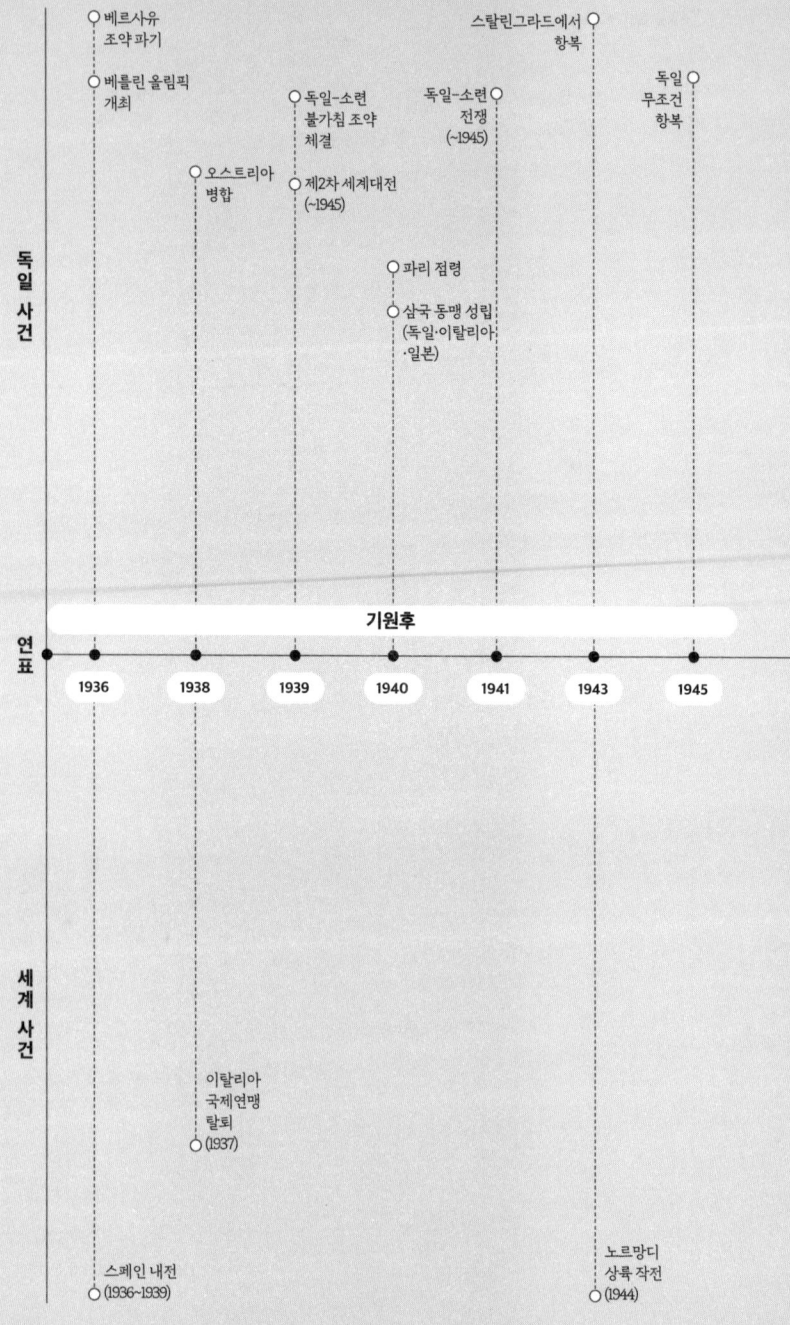

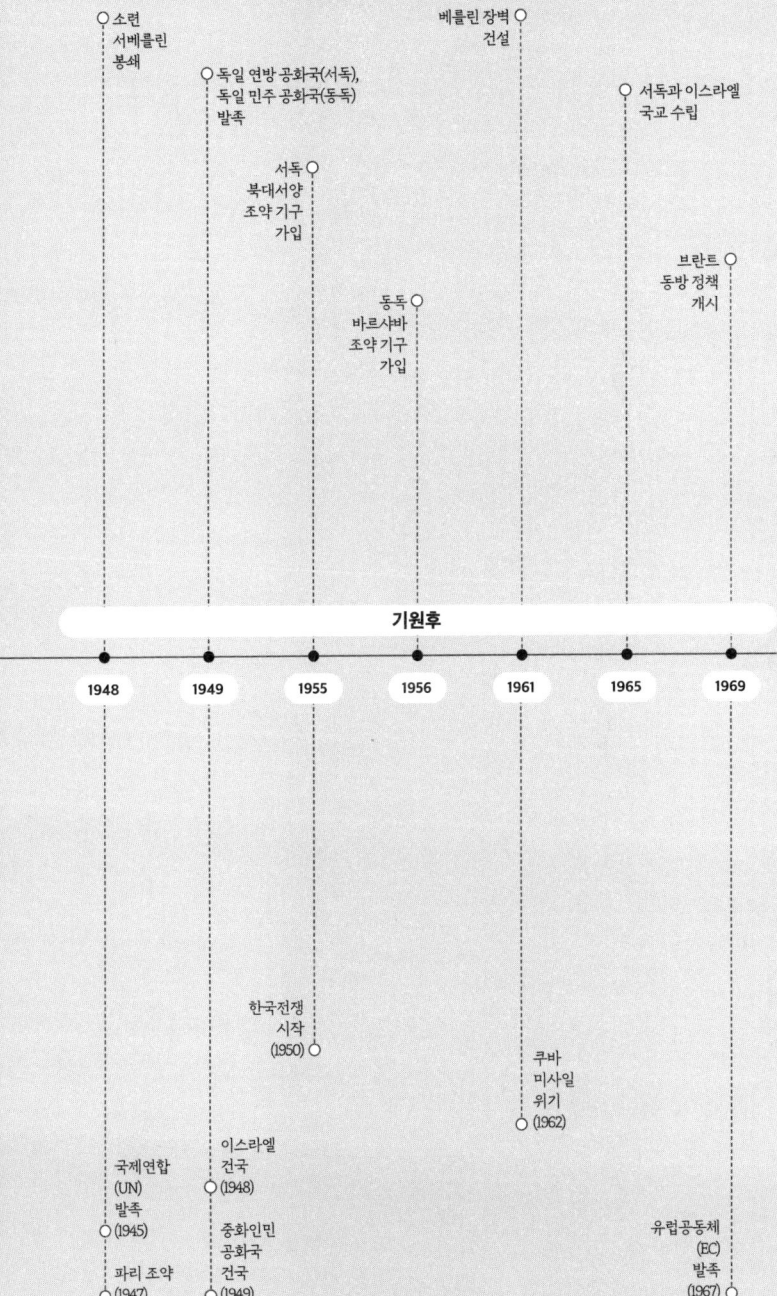

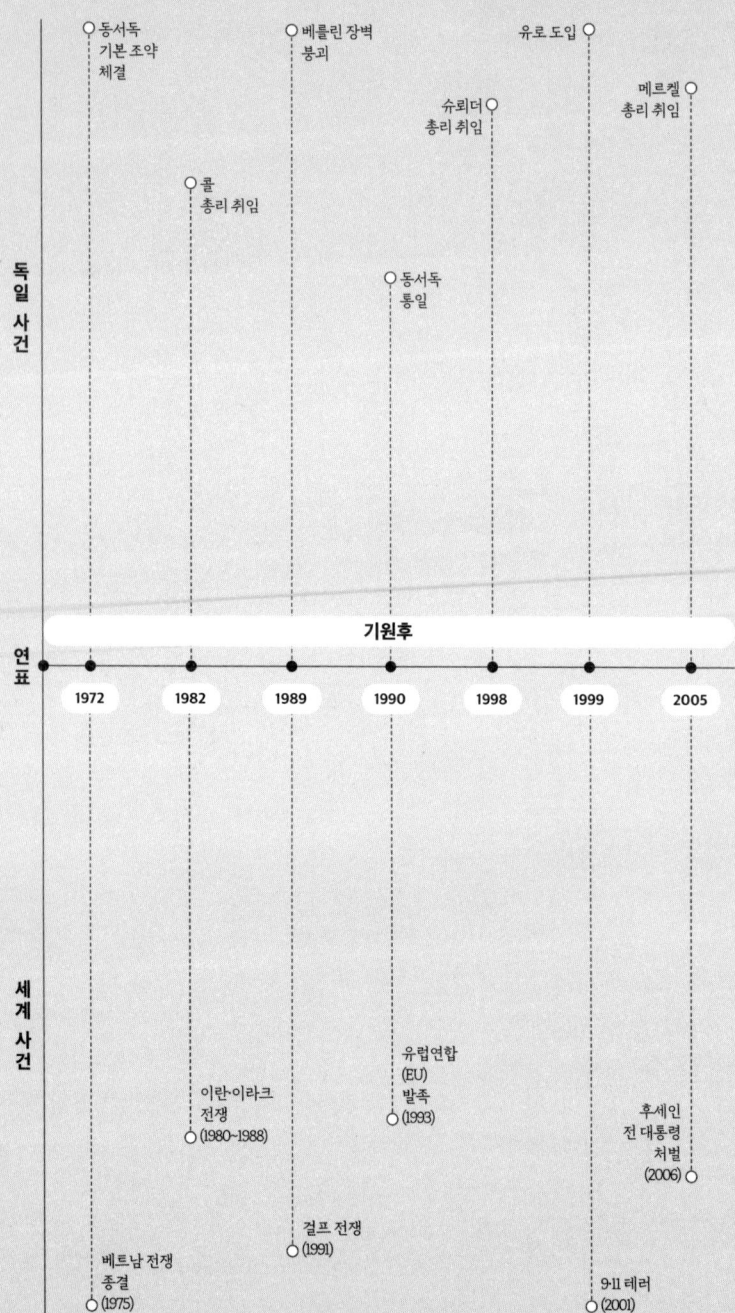

교양 있는 여행자를 위한 내 손안의 독일사
단숨에 읽는 독일 역사 100장면

초판 발행 2025년 8월 12일
펴낸곳 현익출판
발행인 현호영
지은이 세키 신코
옮긴이 류지현
편　집 황현아, 이선유
디자인 강지연, 현애정
주　소 서울특별시 마포구 월드컵북로58길 10, 더팬빌딩 9층
팩　스 070.8224.4322

ISBN 979-11-94793-05-2

「一冊でわかるドイツ史」
ISSATSU DE WAKARU DOITSU SHI
© 2019 SHINKOH SEKI
Illustration by suwakaho
All rights reserved.

Original Japanese edition published in 2019 by KAWADE SHOBO SHINSHA Ltd. Publishers
Korean translation rights arranged with KAWADE SHOBO SHINSHA Ltd. Publishers through Eric Yang Agency, Inc.

⟨Edit, Organization⟩
ZOU JIMUSHO
⟨Book Design⟩
Yoshikuni Inoue(yockdesign)
⟨Cooperation⟩
Ikki Naraku, Yurie Arakawa

이 책의 한국어판 저작권은 에릭양 에이전시를 통해 저작권자와 독점 계약한 골드스미스에 있습니다.
저작권법에 의해 한국 내에서 보호를 받는 저작물이므로 무단전재와 복제를 금합니다.

* 현익출판은 골드스미스 출판그룹의 일반 단행본 출판 브랜드입니다.
* 출판사의 허가 없이 본 도서를 편집 또는 재구성할 수 없습니다.
* 잘못 만든 책은 구입하신 서점에서 바꿔 드립니다.

> 좋은 아이디어와 제안이 있으시면 출판을 통해 가치를 나누시길 바랍니다.
> uxreviewkorea@gmail.com